Christliches Hausbuch 2023

Christliches Hausbuch 2023

benno

JANUAR 4

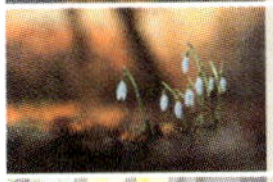
FEBRUAR 16

MÄRZ 28

APRIL 42

MAI 56

JUNI 68

JULI 82

AUGUST 94

SEPTEMBER 106

OKTOBER 118

NOVEMBER 130

DEZEMBER 142

Januar

So	1	Neujahr, Gottesmutter Maria	Wilhelm von Dijon, Cajus (Kai), Heinrich (Henry), Hugo
Mo	2	CH: Berchtoldstag	Gregor von Nazianz, Basilius der Große, Dietmar von Prag
Di	3		Adele von Pfalzel, Irmina (Irma) von Öhren, Odilo von Cluny
Mi	4		Angela von Foligno, Marius, Roger (Rüdiger), Christiana von Lucca
Do	5		Eduard der Bekenner, Ämiliana (Emilie), Tatjana (Tanja)
Fr	6	Erscheinung des Herrn	Kaspar, Melchior, Balthasar, Gertrud von Traunkirchen, Pia
Sa	7		Raimund von Peñafort, Valentin von Rätien, Lucian von Antiochia
So	8	Taufe des Herrn	Severin von Noricum, Erhard von Regensburg, Gudrun von Brüssel
Mo	9		Julian von Antinoë, Eberhard von Schäftlarn, Alix (Alice) Le Clerc
Di	10		Gregor X., Paulus v. Theben, Adrian v. Canterbury, Wilhelm v. Donjeon
Mi	11		Paulinus v. Aquileja, Theodosius d. Gr., Lucius der Bekenner
Do	12		Tatiana von Rom (Tanja), Hilde von Salzburg, Ernestus (Ernst)
Fr	13		Ivette v. Huy (Jutta), Gottfried v. Kappenberg, Hilmar v. Tournai
Sa	14		Felix v. Nola, Berno, Christiana von Georgien, Reiner v. Arnsberg
So	15	2. So. im Jahreskreis	Arnold Janssen, Anton von Ilbenstadt, Konrad II., Micha
Mo	16		Marzellus I., Ulrich von Blücher, Tillo von Solignac (Thilo)
Di	17		Antonius d. Einsiedler, Beatrix v. Cappenberg, Rosalina, Julian
Mi	18		Margarete von Ungarn, Priska (Priscilla), Beatrix II. von Este
Do	19		Marius und Martha, Heinrich v. Uppsala (Henrik), Pia v. Karthago
Fr	20		Fabian, Sebastian, Ursula Haider, Elisabeth von Füssenich
Sa	21		Agnes v. Rom, Meinrad v. Einsiedeln, Alban Bartholomäus Roe
So	22	3. So. im Jahreskreis	Vinzenz von Saragossa, Laura Vicuña, Irene von Rom, Walter
Mo	23		Heinrich Seuse (Heiko), Hartmut von St. Gallen, Nikolaus Groß
Di	24		Franz von Sales, Arno von Salzburg, Vera von Clermont, Eberhard
Mi	25		Bekehrung des Apostels Paulus, Wolfram, Titus Maria Horten
Do	26		Timotheus und Titus, Paula von Rom, Albert v. Cîteaux
Fr	27		Angela Merici, Paul Josef Nardini, Julian von Le Mans, Gerhard
Sa	28		Thomas von Aquin, Karl der Große, Manfred von Riva
So	29	4. So. im Jahreskreis	Sabina von Troyes, Josef Freinademetz, Valerius von Trier
Mo	30		Martina, Diethild, Serena von Spoleto, Maria Ward
Di	31		Johannes Bosco, Marcella, Hemma (Emma), Eusebius v. Viktorsberg

NEU ANFANGEN

ANDREAS KREHBIEL

Der Engel an der Schwelle des neuen Jahres

Zu Weihnachten habe ich in diesem Jahr von lieben Menschen diesen Engel geschenkt bekommen. Er steht seit dem Heiligen Abend an meiner Krippe im Wohnzimmer des Pfarrhauses. Sein Körper ist aus Holz. Auffällig ist zudem, dass er kein Gesicht hat. Stattdessen klebt auf seinem Kopf ein kleiner leuchtender Stern.
Er wird mir zum Bild für alle, die dem Engel – dem Boten und der Botschaft Gottes – ihr ganz persönliches Gesicht und ihre individuelle Prägung geben und Begleiter für uns in eine unbekannte Zukunft sind.
Ich begegne dem Engel in denen, die Auszubildende und Berufsanfänger auf dem Weg ins Berufsleben und eine neue Stelle begleiten und ihnen Sicherheit geben.
Ich begegne dem Engel an der Schwelle des Neuen in Menschen, die junge Paare, die heiraten werden, gut beraten und ihnen noch bestehende Unsicherheiten für den gemeinsamen Weg nehmen.
Ich begegne dem Engel an der Schwelle in die neue Zeit in Menschen, die mir natürlich, bodenständig begegnen. Mit offenem Herzen.
Ich begegne dem Engel an der Schwelle in dieses neue Jahr in denen, die Segensworte weitergeben an Kranke, an Einsame, an in Not geratene Menschen.
Der Engel hat auch zwei „Flügel". Der Bote Gottes begegnet mir damit auch in Menschen, die mich durch ihre fröhliche und humorvolle Art beflügeln und manches, was an Ärger oder Verbitterung da ist, überwinden helfen.
Die methodistische Schriftstellerin Minnie Louise Haskins aus England hat einmal dazu ein Gedicht geschrieben. Es geht so: „Ich sagte zu dem Engel, der an der Pforte des neuen Jahres stand: Gib mir ein Licht, damit ich sicheren Fußes der Ungewissheit ent-

SEGEN ZUM NEUEN JAHR

Der Herr segne dein Jahr,
er segne deine Wünsche und Träume,
deine Schritte und Wege.

Du bist gehalten und beschützt,
du darfst wagen und vertrauen!

Martina Liebhäuser-Haggenmüller

gegengehen kann. Aber er antwortete: Geh nur hinein in die Dunkelheit und lege deine Hand in die Hand Gottes. Das ist besser als ein Licht und sicherer als ein bekannter Weg."

Wo sind Sie an der Schwelle – am Anfang dieses neuen Jahres und in die vor uns liegende Zeit in diesem Sinn einem Engel begegnet?

Ich wünsche Ihnen, dass Sie wie Maria das Gute in Ihrem Herzen bewahren können.

Ich wünsche Ihnen, dass Sie immer wieder Seinen Boten begegnen, die aufrichten, trösten und Menschlichkeit ausstrahlen.

Ich wünsche Ihnen, dass Sie auf Ihrem Weg in dieses vor Ihnen liegende Jahr gut begleitet und geführt werden und dass Sie auch mögliche Stolperfallen im Miteinander und im persönlichen Leben an der Hand der Boten Gottes gut überwinden.

MARTIN LEITGÖB

Die Erfahrung der Sterndeuter

„Binde deinen Karren an einen Stern", das soll der Künstler und Universalgelehrte Leonardo da Vinci (1452–1519) einem Zeitgenossen geraten haben. Den Karren des eigenen Lebens an einen Stern zu binden – das heißt wohl, sich von einer Kraft ziehen zu lassen, die nicht von dieser Welt ist. Wenn wir das tun, dann hat unser Leben eine Orientierung, die stärker ist als alle Stimmungen und Launen und alles, was uns sonst noch beeinflusst. Unserem Leben ist dann ein Sinn gegeben, und wir dürfen auf Glück und Vollendung hoffen. Die Sterndeuter aus dem Osten, die aus dem elfenbeinernen Turm ihrer Gelehrsamkeit aufgebrochen sind, um in die Ferne zu ziehen und den neugeborenen König der Juden zu suchen, haben ihren Karren an einen Stern gebunden. Es war dieser Stern, der ihnen den Mut zum Aufbruch gegeben hat. Und er war es auch, der ihnen den Weg gewiesen und sie geführt hat, bis sie an ihrem Ziel waren: beim göttlichen Kind im Stall von Betlehem.

Dem Stern folgen heißt auch: der eigenen Sehnsucht vertrauen und beharrlich weitergehen, selbst wenn sich Hindernisse in den Weg stellen. „Alles beginnt mit der Sehnsucht", so hat die Dichterin Nelly Sachs (1891–1970) einmal formuliert. Und sich an Gott wendend, sagt sie: „So lass nun unsere Sehnsucht damit anfangen, dich zu suchen, und lass sie damit enden, dich gefunden zu haben." Genau das war die Erfahrung der Sterndeuter.

Tipp von Sr. Hedwig

GUTE VORSÄTZE

Nach den vielen Schlemmereien zu Weihnachten und Silvester tun einige Entlastungstage ganz gut. Jetzt, zu Beginn des neuen Jahres, ist es auch Zeit, den Körper ein wenig zu entlasten.

Mit frischen Salaten, einer Rohkostplatte oder nur mit Kartoffeln als Mahlzeit bringt man nicht nur sich selbst, sondern auch die Waage wieder ins Gleichgewicht. Kartoffeln, Gemüse und Salat schaffen nämlich einen Ausgleich zu den vielen Fetten und Kohlenhydraten. Gut sind jetzt auch Rote-Bete-Saft, Sellerie- und naturtrüber Apfelsaft, anstelle von Bier, Wein und anderen alkoholischen Getränken.
Wer dagegen schon mit Magenbeschwerden kämpft, sollte zunächst viel Kamillentee trinken und ein wenig beim Essen fasten. Grundsätzlich gilt die Regel: Man kann von allem essen und trinken, nur nicht zu viel. Kleine Portionen erfreuen den Gaumen und schaden nicht der Gesundheit.

PETRA NG'UNI

weihnachtswunsch

in deinem armen herz
eine schlichte krippe aufstellen
ein wenig frisches stroh
umgeben von dummen ideen
und murrender sturheit
nebst ihren beharrlichen hütern

wenn es nacht ist und still
wird christus geboren in dir

dein horizont weitet sich
unter dem licht des sterns
und engel auf singendem feld
verheißen frieden
und später vielleicht
folgen drei weise aus deinem kopf
und bringen ihre gaben

Józef Kardinal Glemp

Zusammenbruch des Kommunismus und Mitglied der Europäischen Union – Erzbischof Józef Kardinal Glemp erlebte wesentliche Veränderungen in der Geschichte Polens während seiner Amtszeit von 1981 bis 2009. Geboren wurde der Geistliche am 18. Dezember 1929. Im Zweiten Weltkrieg musste Glemp in Deutschland als Zwangsarbeiter tätig sein. Im Jahr 1950 nahm er ein Studium der Theologie auf. Nach seiner Priesterweihe 1956 schlossen sich Studien in Rom an. Glemps Aufstieg begann 1967 als Sekretär von Kardinal Stefan Wyszynski. Ab 1981 war Glemp Erzbischof von Gnesen und Warschau und trug den Titel „Primas von Polen". Vor 10 Jahren, am 23. Januar 2013, starb Józef Kardinal Glemp in der polnischen Hauptstadt.

Thérèse von Lisieux

„Aus Liebe leben, das heißt unaufhörlich weiterfahren, den Frieden, die Freude in alle Herzen säend." Die Lebensgeschichte der jungen Karmelitin gilt – nach der Bibel – bis heute als meistgelesenes französisches Buch im Bereich Spiritualität. Obwohl Thérèse von Lisieux mit nur 24 Jahren starb, machte ihr Schaffen sie zu einer der bedeutsamsten Heiligen der römisch-katholischen Kirche. Als jüngste Tochter von neun Kindern wurde Marie-Françoise-Thérèse Martin am 2. Januar 1873, vor 150 Jahren, geboren. Kurz nach dem Tod ihrer Mutter zog die Familie nach Lisieux. Die junge Thérèse bewunderte das Leben im Karmeliterorden und bemühte sich jahrelang um ihren Beitritt. Die Anträge lehnte man wegen ihres jungen Alters ab. Mit 15 Jahren folgte sie jedoch ihren älteren Schwestern ins Kloster. Depressionen und innere Konflikte setzten der Karmelitin zu, einen Ausweg für sich selbst fand sie im „kleinen Weg". Sie lebte ihre eigene Definition von Heiligkeit innerhalb kleiner Gesten im Alltag. Infolge einer Tuberkulose starb Thérèse am 30. September 1897. Dreißig Jahre später sprach Papst Pius XI. die Ordensfrau selig, ab 1944 zählte sie zu den Patroninnen Frankreichs und hundert Jahre nach ihrem Tod ernannte Papst Johannes Paul II. sie zur Kirchenlehrerin.

PRAKTISCHES

AUS DER KÜCHE VON

Barbara Kaufmann
Pfarrhaushälterin in Oberndorf i. T.

Pikante Ofennudeln

ZUTATEN

für ca. 4 Personen

500 g Mehl
60 g Zucker
100 g Butter flüssig
40 g Germ oder Trockenhefe
Prise Salz
1/4 l Milch, warm
1 Ei
2 Eigelb

Füllung
1 große Zwiebel
150–200 g fein geschnittenen Speck mit Petersilie vermischen

ZUBEREITUNG

Aus den Zutaten einen Hefeteig zubereiten und an einem warmen Ort auf das Doppelte aufgehen lassen. Auf das Küchenbrett stürzen, eine Rolle formen und Stücke schneiden. Stücke auseinanderziehen und einen Löffel Füllung in die Mitte geben, zusammenrollen und mit etwas flüssiger Butter in die Kasserolle schichten. Nochmals aufgehen lassen. Im vorgeheizten Ofen bei etwas 170 °C ca. 35 min backen. Als Zuspeise saure Rüben oder Sauerkraut nach Anleitung zubereiten.

Küchentipps

Hefeteig schneller gehen lassen

Hefeteig mag es warm, allerdings nicht wärmer als 40 °C. Man kann den Prozess beschleunigen, indem der Hefeteig bei offener Ofentür für etwa 30 min in den auf 40 °C vorgeheizten Ofen gestellt wird. Eine Alternative ist es, den Teig an die Heizung zu stellen.

Wie lange muss der Hefeteig gehen?

Die Angaben dazu sind in den Rezepten unterschiedlich. Als Faustregel gilt, dass der Hefeteig sein Volumen verdoppeln sollte. Das Gehen des Teiges kann gut und gerne mehrere Stunden in Anspruch nehmen.

EVA RECHLIN-BARTOSCHECK

Das Wegzeichen

Gegen Mitternacht hatten die drei Männer allein die Stadt verlassen, und der geschweifte Stern leuchtete wieder am Himmel und wies ihnen die Richtung. Sie waren schon eine gute Wegstrecke weit gegangen. Jeder führte sein Tragtier, einen Esel. Der eine trug Gold, der zweite Weihrauch, der dritte Myrrhe – Geschenke, die die Männer aus dem Morgenland für den neuen König mitgebracht hatten.

In der Stadt Jerusalem hatten die Männer den Neugeborenen nicht gefunden. Im Palast des Königs Herodes waren sie auf Misstrauen und Neid gestoßen, und davor waren sie geflohen, als die Nacht angebrochen war.

Gegen Mitternacht hatten die drei Männer allein die Stadt verlassen, und der geschweifte Stern leuchtete wieder am Himmel ...

Niemand hatte ihnen sagen können, wo der neue König zu finden war, dessen Geburt ihnen, die am Himmel zu lesen verstanden, der Stern angezeigt hatte. Auch in dieser Nacht stand er funkelnd über ihnen. Aber bald graute der Morgen und Stern um Stern erlosch. Selbst das Licht des großen geschweiften Sterns verblasste vor den Strahlen der aufgehenden Sonne.

Die Männer beobachteten es besorgt, und als sie den Stern nicht mehr sahen, hielten sie an.

„Wir werden bis zur nächsten Nacht rasten müssen“, sagte einer von ihnen. „ohne unseren Stern finden wir den richtigen Weg nicht.“ Sie hoben die Lastballen von den Eselsrücken und ließen die Tiere weiden. Dann rissen sie trockene Dornbüsche aus dem Sand und schichteten sie für ein Feuer, denn um diese Stunde war es kühl. Sie setzten sich um das Feuer, nahmen Fleisch und Brot aus ihren Reisesäcken und aßen.

„Es kann nicht mehr weit sein“, sagte der Schwarzhäutige, „denn der geschweifte Stern stand zuletzt fast über uns. Vielleicht sind wir vor dem Ende der nächsten Nacht am Ziel.“ Die anderen blickten sich um. Sie sahen nur dürres Gras, Dornbüsche und Sand von Horizont zu Horizont.

„Kein Schloss, keine Burg, kein Palast“, sagte einer, „in denen ein König geboren sein könnte, den der Himmel selbst durch einen geschweiften Stern angekündigt hat.“

„Und warum“, fragte der Dunkle, „warum gibt es nicht ein gleiches Wegzeichen für den Tag? Warum nur einen Stern in der Finsternis ... aber nichts, kein Feuermal, keinen Wolkenpfeil, keinen Vogel, kein Zeichen, das uns am Tage den Weg weist?“

So saßen die drei Männer um das Feuer, fragten einander und wussten keine

Antwort, zweifelten und froren, denn das trockene Dornengestrüpp war rasch niedergebrannt.
Da hörten sie aus der Nähe einen hellen, klagenden Schrei, gleich darauf wieder, und alle drei sprangen auf und spähten in die Wüste. Der Laut kam von einem Dornbusch herüber. Als sie darauf zugingen, sahen sie ein weißes wolliges Bündel, das sich in den Dornen verfangen hatte.
„Es ist ein Lamm!", rief der Älteste, der einen Bart trug. „Ein Lamm, das sich verirrt haben muss." Er eilte zu dem Tier, befreite es aus den Dornen und nahm es auf seine Arme.

Da er das Lamm in den Armen des Bärtigen entdeckte, stürzte er mit einem Freudenruf darauf zu.

„Ein so kleines Lamm allein in der Wüste!", sagte er nachdenklich.
„Dass in der Nacht keine Hyäne es gerissen und gefressen hat!", rief der Jüngste erstaunt. „Es müssen Hirten mit ihren Herden in der Nähe sein. Denen ist es entlaufen."
Kaum hatte er das gesagt, sahen sie in der Ferne einen Mann herankommen. Er trug einen langen Stab und hielt den Blick gesenkt, als folgte er einer Spur. Bald erkannten sie, dass es ein Hirt war.
Da er das Lamm in den Armen des Bärtigen entdeckte, stürzte er mit einem Freudenruf darauf zu. Nach zwei Schritten jedoch blieb er erschrocken stehen, als sähe er erst jetzt außer dem Lamm auch die Fremden.
Wahrhaftig, sie sahen fremd aus: Jeder war gekleidet wie ein Fürst. Und doch waren alle drei von der langen Wanderung ausgezehrt und erschöpft wie Bettler, dazu der eine von ihnen dunkel wie verbranntes Laub.
Aber noch ehe der Hirt fragen konnte, wer sie seien, hob der Bärtige ihm das Lamm entgegen und sagte: „Nimm es! Wir haben es in den Dornen gefunden und sind froh, dass es dich zu uns gelockt hat, denn vielleicht wirst du uns zeigen können, was wir suchen."
Der Hirt nahm das Lamm auf seine Arme „Wie kann ich euch dafür danken", fragte er, „dass ihr mir das Lamm zurückgebracht habt?"
„Dein Dank gehört nicht uns", sagte der Bärtige, „vielleicht aber wirst du unseren Dank verdienen, denn wir suchen etwas, das wir bei Tage nicht finden können."
Der Hirt wunderte sich darüber. „Ich kenne hier jeden Strauch", sagte er. „Wenn ihr etwa einen Weg sucht, so will ich ihn euch zeigen."
„Diesen Weg wird uns nicht jeder zeigen können. Bisher war es ein Stern, der uns führte."
Der Hirt horchte auf und fragte: „Ein Stern mit einem Schweif?" Die Männer nickten.

„Dann sucht ihr den Heiland!“, rief der Hirt beglückt.
„Wir suchen den neugeborenen König“, sagte der Dunkle, „er kann nicht mehr weit von hier sein.“ Der Hirt nickte.
„Ihr sucht das Kind im Stall von Betlehem. Wir haben es gesehen in der Nacht, als es gerade geboren war.“
„Du sprichst von einem Stall“, rief ärgerlich der Jüngste der drei, „wir aber suchen einen König!“
„Ihr werdet ihn finden und erkennen“, sagte der Hirt, „folgt mir, ich führe euch zu meinen Gefährten in das Hirtenlager. Von dort aus ist es nicht mehr weit bis zur Krippe im Stall.“
Die drei Männer blickten einander an. Hatten sie nicht genug von räuberischen Überfällen auf Reisende gehört? Und konnte dieser Hirt nicht der Lockvogel einer Räuberbande sein?
„Warum führst du uns nicht allein auf den richtigen Weg?“, fragte der Dunkle.
Der Hirt sah sie fragend an. In ihren Gesichtern standen Zweifel und Abwehr. Er blickte auf ihr Gepäck, das im Sande lag, und begriff, was sie dachten und befürchteten. Er schüttelte den Kopf und trat mutig nahe vor sie hin.
„Packt mich, wenn ihr mir nicht traut“, sagte er, „ich bin einer, ihr seid drei.“
Und als sie schwiegen und sich nicht rührten, fuhr er fort: „Wir Hirten haben ihn gefunden, den ihr sucht. Darum gehören wir und ihr zusammen, und zu uns werden alle gehören, die sich auf den Weg zu ihm machen.“
Und die drei Fremden folgten dem Hirten in das Lager.

PAPST JOHANNES PAUL II.

Maria, Mutter der Hoffnung

Maria, Mutter der Hoffnung,
gehe mit uns!
Lehre uns, den lebendigen Gott
zu verkünden;
hilf uns, Jesus, den einzigen Retter,
zu bezeugen;
mach uns hilfsbereit
gegenüber dem Nächsten,
gastfreundlich gegenüber den Bedürftigen,
lass uns Gerechtigkeit üben,
mach uns zu leidenschaftlichen Baumeistern
einer gerechteren Welt.
Amen.

REISETIPP

DIE MARIENSÄULE IN MÜNCHEN

Der Freisinger Bischof Veit Adam von Gepeckh weihte die Mariensäule in München am 7. November 1638. Die Mariensäule wurde aus Dankbarkeit für die Erhaltung der Städte München und Landshut während der schwedischen Besatzung 1632 aufgestellt. Sie erinnert auch daran, dass Kurfürst Maximilian I. das Land Bayern unter den Schutz der Gottesmutter stellte.

Die 12 Meter hohe Säule besteht aus rotem Marmor und trägt ein überlebensgroßes vergoldetes Standbild der „Patrona Bavariae". Hubert Gerhard hatte die auf der Mondsichel stehende Marienstatue mit dem Jesuskind ursprünglich für den Hochaltar der Frauenkirche geschaffen. Vier geflügelte Kinderfiguren am Sockel kämpfen gegen Pest, Krieg, Hungersnot und Ketzerei.

Februar

Mi 1		Brigitta v. Kildare, Sigisbert III., Severus, Katharina Kasper
Do 2	Darstellung des Herrn	Dietrich von Minden, Bodo, Alfred Delp, Markward
Fr 3		Blasius, Simeon u. Hanna, Ansgar v. Hamburg-Bremen, Alojs Andritzki
Sa 4		Rabanus Maurus, Veronika, Gilbert v. Sempringham, Christian
So 5	5. So. im Jahreskreis	Agatha v. Catania, Adelheid v. Vilich (Elke), Elisabeth v. Wertheim
Mo 6		Paul Miki, Dorothea von Kappadokien, Hildegund von Meer
Di 7		Richard von England, Juliana von Bologna, Petrus Werhun, Ava
Mi 8		Hieronymus Ämiliani, Josefine Bakhita, Milada
Do 9		Anna Katharina Emmerick (Antje), Julian v. Speyer, Lambert v. Neuwerk
Fr 10		Wilhelm v. Malavalle, Bruno v. Minden, Scholastika, Hugo v. Fosses
Sa 11		Unsere Liebe Frau in Lourdes, Anselm v. Rot, Theodora II., Theodor
So 12	6. So. im Jahreskreis	Benedikt von Aniane, Gregor II., Antonius
Mo 13		Christina von Spoleto, Gisela von Veltheim, Adolf von Osnabrück
Di 14	Valentinstag	Cyrill und Method, Valentin von Terni, Johannes Garcia
Mi 15		Siegfried v. Schweden, Georgia v. Clermont, Drutmar v. Corvey, Jovita
Do 16		Juliana von Nikomedien, Simeon von Metz, Philippa Mareri, Elias
Fr 17		Alexis Falconieri, Finan v. Lindisfarne (Finn), Bonosus v. Trier
Sa 18		Simon von Jerusalem, Constantia (Konstanze), Angelikus
So 19	7. So. im Jahreskreis	Bonifatius v. Lausanne, Hedwig v. Cappenberg, Irmgard v. Aspel
Mo 20	Rosenmontag	Falko von Tongern, Leo von Catania, Jordan Mai
Di 21	Fastnacht	Petrus Damiani, Eleonore von England, Irene von Rom, German
Mi 22	Aschermittwoch	Kathedra Petri, Isabella (Elisabeth) v. Frankreich, Margareta v. Cortona
Do 23		Otto von Cappenberg, Romana von Todi, Willigis von Mainz (Willi)
Fr 24		Apostel Matthias, Ida von Hohenfels, Irmgard von Baden, Edelbert
Sa 25		Walburga von Heidenheim, Robert von Arbrissel, Cäsarius
So 26	1. Fastensonntag	Mechthild v. Sponheim, Ulrich v. Obermarchtal, Alexander v. Alexandria
Mo 27		Leander von Sevilla, Markward von Prüm, Anne Heigham Line
Di 28		Silvana, Roman von Condat, Oswald, Antonia von Florenz

AUFBRUCH ZUM LEBEN

BRIGITTE GOSSMANN

Aschermittwoch – Aufbruch in die Fastenzeit

Mein Gottesbild

„Warum hat Gott seinen Sohn am Kreuz sterben lassen?" ist eine Frage, die wir uns alle im Laufe der Zeit stellen; und die Antwort war, ist und bleibt: Jesus ist für uns Menschen gestorben, für unsere Schuld. Ob wir dies wahrhaben wollen oder nicht, Fakt ist, Jesus ist für jeden von uns gestorben. Normalerweise kommen wir selber für unsere Verfehlungen auf. Wir können Schuld nicht verschieben. Wir sind als Erwachsene sicher auch der persönlichen Überzeugung: Ja, ich mache Fehler in meinem Leben, aber meistens ist das nicht so schlimm. Nicht so schlimm, dass ich nicht in der Lage wäre, einen Ausgleich dafür schaffen zu können. So streng kann Gott ja nicht sein! Er weiß ja, dass ich Fehler mache und dass mir das auch bewusst ist. Welches Gottesbild begleitet mich bei solchen Gedanken? Das Gottesbild eines gutmütigen, milden Gottes, voller Verständnis für menschliche Schwächen, für den Schuld und Sünde kein Problem ist? Gott als unser Schöpfer ist uns Menschen gegenüber gerecht und hat seinen Willen für uns in seinen Geboten mehr als deutlich gemacht. Die Gerechtigkeit Gottes schließt keinen Menschen aus. Und wer sein Leben nach Gottes Maßstäben ausrichtet, lebt in Übereinstimmung und Gemeinschaft mit Gott. Wer seine Gebote nicht beachtet, verliert die Gemeinschaft mit Gott und oftmals auch zu anderen Menschen. Das gilt für das Leben im Hier und Jetzt und lässt uns erahnen, was uns ein ewiges Leben in und mit Gott bedeuten kann.

AUS DER TAGESLESUNG AM ASCHERMITTWOCH

Wir sind also Gesandte an Christi statt und Gott ist es, der durch uns mahnt. Wir bitten an Christi statt: Lasst euch mit Gott versöhnen! Er hat den, der keine Sünde kannte, für uns zur Sünde gemacht, damit wir in ihm Gerechtigkeit Gottes würden. Als Mitarbeiter Gottes ermahnen wir euch, dass ihr seine Gnade nicht vergebens empfangt. Denn es heißt: Zur Zeit der Gnade habe ich dich erhört, am Tag der Rettung habe ich dir geholfen. Siehe, jetzt ist sie da, die Zeit der Gnade; siehe, jetzt ist er da, der Tag der Rettung.

2 Kor 5,20–6,2

Zeit der Gnade

Wenn wir nun die Fastenzeit begehen, geht es nicht um ein Zurschaustellen von Unwohlsein, Verzichtsgesichtern, von Fastenübungen oder um den Sieg im „Ich kann am allerbesten verzichten“. Es geht um keinen Wettbewerb, für den es am Ende einen Pokal oder eine Urkunde gibt, ob der Verzicht auf Süßes wertvoller ist als der Verzicht auf Fleisch, Autofahrten, Nikotin oder Alkohol oder worauf auch immer.
Die beiden Schlusssätze der heutigen Lesungen schärfen unseren Blick und justieren unsere Perspektive: „Da erwachte im Herrn die Leidenschaft für sein Land und er hatte Erbarmen mit seinem Volk (Joel 2,18) und: „Jetzt ist sie da, die Zeit der Gnade; siehe, jetzt ist er da, der Tag der Rettung“ (2 Kor 6,2b).
Es geht in dieser Zeit um ein bewusstes Wahrnehmen unseres Lebens, unseres Kind-Gottes-Seins. Die Fastenzeit ist eine Gnadenzeit, eine gesegnete Zeit, eine Zeit, in der wir uns neu unserer gelebten Werte bewusst werden dürfen. Vielleicht haben Sie die Gelegenheit, einmal ihre „Lebens-werte“ aufzuschreiben und während der Fastenzeit zu erweitern. Welche Werte prägen mein Leben?

Aschenkreuz – Segenskreuz

Die Bezeichnung mit dem Aschenkreuz soll ein Segen sein; ein Segen, der uns Kraft geben soll, unseren Blick zu öffnen für das, was wesentlich ist für das eigene Leben in dieser unterschiedlich langen Lebenszeit, die wir hier auf Erden haben, und für die Ewigkeit, in die wir von Gott eines Tages hineingenommen werden mit unserer ganzen Persönlichkeit. Die irdische Begrenzung ist letztlich nicht alles, sondern wir glauben, dass all das, was wir hier auf Erden tun, auch darüber hinaus eine Bedeutung hat für das vollkommene Reich Gottes, das durch unser Handeln hier auf Erden schon ein Stück weit Wirklichkeit werden kann.
Am Aschermittwoch lädt uns Jesus ein: „Bekehre dich und glaube an das Evangelium.“ Und vertraue dem Wort des lebendigen Gottes: „Siehe, jetzt ist sie da, die Zeit der Gnade!“

PATER DR. ECKHARD BIEGER SJ

Darstellung des Herrn – Mariä Lichtmess

Zählt man vom 25. Dezember 40 Tage, kommt man zum 2. Februar. Diese 40 Tage werden ausdrücklich beim Evangelisten Lukas erwähnt: „Dann kam für sie der Tag der vom Gesetz des Mose vorgeschriebenen Reinigung" (Lk 2,22). Im Buch Levitikus heißt es: „Wenn eine Frau niederkommt und einen Knaben gebiert, ist sie sieben Tage unrein ... Am achten Tag soll man die Vorhaut des Kindes beschneiden und dreiunddreißig Tage soll die Frau wegen ihrer Reinigungsblutung zu Hause bleiben" (Lev 12,2–4). 40 Tage sind in der christlichen Tradition ein Zeitmaß, welches sich in den 40 Tagen der Fastenzeit ebenso wiederfindet, wie wenn man vom 11. November bis zum 6. Januar zählt.

Darstellung des Herrn bezieht sich darauf, dass alle Erstgeborenen Gott in besonderer Weise geweiht waren. Mariä Lichtmess nimmt die Lichtsymbolik auf, weil an dem Tag die Kerzen für das nächste Jahr geweiht wurden. Die Lichtsymbolik findet sich im Bericht des Lukas. Die Eltern werden von dem greisen Simeon erwartet, dem von Gott verheißen worden war, er werde das Heil Israels noch schauen. Er spricht einen Lobpreis, der täglich im letzten Teil des Stundengebets gesprochen wird, das den Tag abschließt und daher Komplet (wie komplett) heißt: „Nun lässt du, Herr, deinen Knecht, wie du gesagt hast, in Frieden scheiden. Denn meine Augen haben das Heil gesehen, das du vor allen Völkern bereitet hast, ein Licht, das die Heiden erleuchtet, und Herrlichkeit für dein Volk Israel" (Lk 2,29–32).

Dieses Licht für die Heiden ist die Erfüllung der Verheißungen, dass die Heiden Gott in Jerusalem erkennen. Die drei Weisen stehen dafür, dass die Heiden das Licht erkannt haben.

Tipp von Sr. Hedwig

SELLERIE

Der Knollen- oder Wurzelsellerie hat im Herbst und Winter Hauptsaison. Der Sellerie ist ein sehr aromatisches Gemüse, reich an Vitaminen und Mineralstoffen.
Seine ätherischen Öle regen den Stoffwechsel an. Es ist also empfehlenswert, mit Sellerie ab und zu eine kleine Kur zu machen. Die gesunde Knolle ist eine ideale Ergänzung für den Speiseplan in den Wintermonaten. Man sollte sie nicht nur als Suppengewürz, sondern vorwiegend für Salate und Gemüse oder als Saft verwenden – es gibt viele Variationen.
Der Saft aus der Knolle ist besonders bei Heiserkeit ein bewährtes Hausmittel. Sellerietee, aus den Blättern zubereitet, fördert die Nierentätigkeit. Außerdem wirkt er fiebersenkend. Auch bei Rheuma und Gicht ist dieser Tee sehr zu empfehlen.

Rainer Maria Rilke

Vorfrühling

Härte schwand.
Auf einmal legt sich Schonung
an der Wiesen aufgedecktes Grau.
Kleine Wasser ändern
die Betonung.
Zärtlichkeiten, ungenau,

greifen nach der Erde
aus dem Raum.
Wege gehen weit ins Land
und zeigens.
Unvermutet siehst du
seines Steigens
Ausdruck in dem leeren Baum.

KALENDERBLATT

Hans und Sophie Scholl

Die Geschwister Hans (* 1918) und Sophie Scholl (* 1921) kamen als zweites und viertes von fünf Kindern der Familie Scholl zur Welt. Ihre Mutter Magdalena, sie war bis zu ihrer Heirat Diakonisse, und ihr Vater Robert erzogen ihre Kinder im christlichen Glauben. Während der Zeit beim Reichsarbeitsdienst wurden die Werke des Kirchenvaters Augustinus für Sophie Scholl zu einer wichtigen Orientierung. Beim Studium in München schlossen sich Sophie und Hans Scholl der Widerstandsgruppe „Weiße Rose" an und verteilten Flugblätter. Vor 80 Jahren wurden sie bei einer Flugblattaktion am 18. Februar 1943 entdeckt und verhaftetet. Nur zwei Monate später, am 22. April 1943, wurden Sophie und Hans Scholl zusammen mit Christoph Probst zum Tode verurteilt und hingerichtet.

Bertolt Brecht

„Meine Lieblingslektüre? Sie werden lachen: die Bibel!" Der deutsche Schriftsteller und Regisseur war zu Lebzeiten als Atheist bekannt, griff allerdings in seinen Theaterstücken Kirchenlieder und Bibelgeschichten auf. Bertolt Brechts Verarbeitung traf zumeist sarkastische Töne, doch Ziel seiner Kritik war dabei der Mensch und was er aus der Bibel machte. Vor 125 Jahren, am 10. Februar 1898, wurde Eugen Bertolt Friedrich Brecht als Sohn eines Fabrikdirektors in Augsburg geboren. Erste Texte und Gedichte des Lyrikers erschienen bereits ab 1913 in der Schülerzeitschrift „Die Ernte" sowie in Augsburger Tageszeitungen. 1917 nahm Brecht ein Studium der Medizin und Philosophie an der Universität München auf. Nach seinem Militärdienst im 1. Weltkrieg folgte im September 1922 die Uraufführung des ersten Theaterstücks „Trommeln in der Nacht". 1924 zog Bertolt Brecht nach Berlin, um am Deutschen Theater als Dramaturg zu wirken. Beispielhaft für sein Schaffen sind bis heute unter anderem „Mutter Courage und ihre Kinder" oder „Die Dreigroschenoper".

AUS DER KÜCHE VON

Barbara Kaufmann

Pfarrhaushälterin in Oberndorf i. T.

Gefüllter Prosciutto di Parma à la Barbara

für 3 Personen

ZUTATEN

- 12 Scheiben Parmaschinken
- 1 gelber Paprika
- 1 roter Paprika
- 6 kleine Karotten bissfest gekocht
- Meerrettichsoße
- Schnittlauch

ZUBEREITUNG

Zuerst je zwei Scheiben vom Parmaschinken mit der Meerrettichsoße bestreichen. Danach die beiden verschiedenfarbigen Paprikaschoten in dünne Streifen schneiden. Diese dann zusammen mit den vorgegarten, bissfesten Karotten auf den italienischen Rohschinken legen. Zusammenhalten, danach einrollen und gut mit einem Zahnstocher befestigen.
In Butter auf jeder Seite leicht anbräunen. Mit Kartoffeln, etwas brauner Butter, Schnittlauch und einem bunten Salat servieren.

Küchentipps

Kalorienarm und Vitamin-B-Spender
Parmaschinken gilt im Vergleich mit anderen Wurst- und Fleischwaren als kalorienarm. Außerdem enthält Parmaschinken reichlich Vitamin B, das sich vor allem auf Gehirn und Nerven positiv auswirkt.

Erkennungszeichen
Achten Sie beim Einkauf auf die Erkennungszeichen des originalen Parmaschinkens: der Stempel mit der Inschrift „Parma" und die fünfzackige Krone. Fälschungen kommen leider oft vor. Aber nicht jeder beliebige luftgetrocknete Schinken kommt aus der oberitalienischen Region Parma.

Vollendeter Genuss
Parmaschinken sollte mindestens eine Stunde vor dem Verzehr aus dem Kühlschrank genommen werden. Dann entfaltet sich sein Geschmack am besten.

MARTINA LIEBHÄUSER-HAGGENMÜLLER

Raus aus dem Hamsterrad!

Fühlen wir uns unentbehrlich und wollen alles doppelt und dreifach absichern? Wir machen Tagespläne, Wochenpläne, Monatspläne, Jahrespläne, manche sogar Zwei- oder Fünf- oder gar Zehnjahrespläne. Sie sollen uns ein Gefühl der Sicherheit geben.

Denken wir doch einmal an Zeiten, in der uns von heute auf morgen der Stecker gezogen wurde. Jeder hat das schon einmal erlebt. Seien es äußere Umstände, die unsere Pläne zunichtemachen, seien es Menschen, die ganz andere Vorstellungen haben als wir, seien es gesundheitliche und berufliche Veränderungen. In solchen Zeiten erfahren wir, dass zu viel Planung uns nur ein Gefühl von Sicherheit vermittelt. Und so etwas passiert dann ohne Vorbereitungstage und bringt uns aus unserem Gleichgewicht. Wir erfahren dann schmerzlich, dass wir vielleicht zu viel wollten. Mit solchen Veränderungen hadern wir anfangs oft; sie können aber, wenn sie einmal durchgestanden sind, zu einer Erfahrung der Erneuerung und Befreiung werden.

In dieser Zeit möchte ich mich wirklich entlasten: von der Vorstellung, unentbehrlich zu sein, von dem Wahn des immer weiter Vorausplanens, von dem immer Höher und Weiter, von der Geschäftigkeit um der Beschäftigung willen. Ich möchte mich „mit leichter Kost“ vorbereiten auf einen Neustart! Das hat nichts mit Unzuverlässigkeit zu tun. Auf Dauer zu-ver-lässig sein zu können, erfordert auch mal Lässigkeit. Auch wenn man für etwas brennt, darf es nicht zum Burn-out kommen!

Fastenzeit – 40 Schritte

Eine persönliche Fastenzeit ist schon etwas Besonderes. Immer mehr Menschen entscheiden sich bewusst in der langen Tradition der klassischen Fastenzeit oder auch mitten im Jahr, auf ihr Leben zu schauen und ihre Basis und den Grund ihres Seins neu zu finden, zu festigen. Nicht selten wird der sogenannte Verzicht auf etwas zum Gewinn, um den roten Faden im eigenen Leben wieder zu spüren, sich daran festzuhalten und Knotenpunkte zu sehen.

MONIKA ROTARSKI

Ballast abwerfen

Wenn man fastet, dann sollte man vorher ein paar Vorbereitungstage einhalten. An diesen Tagen nimmt man nur leichte Kost zu sich. So hilft man dem Körper, sich langsam auf die sogenannte Entgiftung, Entsäuerung und den Entzug von gewissen Nahrungsmitteln vorzubereiten.
Wie steht es aber mit der Entlastung für Geist und Seele? Wie oft denken wir „Das belastet mich" und machen trotzdem weiter wie bisher, weil wir nicht wissen, wie wir aufhören können? Wir spüren: „Ich trage zu viel mit mir herum." Leichtes Gepäck und Ballast abwerfen wären jetzt an der Zeit.

Tipp: Getreidebrei

Ein warmer Getreidebrei am Morgen entlastet den Magen-Darm-Trakt, regt den Stoffwechsel an, bindet Säuren und verhindert späteren Heißhunger. Als Getreide empfehlen sich Hafer-, Dinkel-, Buchweizen, Hirse- oder Vollkornflocken. Der Brei wird mit Wasser aufgekocht und kann mit Gewürzen wie Zimt, Vanille, Ingwer, Kardamom oder Anis verfeinert werden. Der Zusatz von etwa einem Teelöffel Lein-, Floh- oder Chiasamen kann die Verdauung noch zusätzlich anregen. Als Beilage dienen Nüsse, Samen, Kerne und Früchte der Saison.

ERZÄHLUNG

LOTHAR ZENETTI

Weil da ein Mensch ist

Eine kleine Meldung in der Zeitung: Der holländische Frachter Toloa fand im Pazifischen Ozean ein kleines Schlauchboot, das steuerlos im Meer trieb. Darin lag bewusstlos ein achtzehnjähriger australischer Matrose.

Der junge Mann hatte sich zunächst freiwillig zur Marine gemeldet, war aber von seinem Dienst auf dem Flugzeugträger Sidney bald enttäuscht und beschloss eines Tages zu desertieren. In einer Nacht ließ er ein kleines Schlauchboot auf See nieder und verließ heimlich den Flugzeugträger. Im Glauben, er befände sich noch nahe an der Küste von Kalifornien, ruderte er los.

Tatsächlich war das Schiff aber schon vierhundert Seemeilen von der Küste entfernt. So trieb der Junge neunzehn Tage im Meer. „Es war schrecklich", berichtete er nachher über seine fast dreiwöchige Odyssee im Pazifik. Er hatte weder Wasser noch Lebensmittel bei sich. „Das Schlimmste aber", sagte er, „war die Langeweile. Ich hatte ja nichts zu tun. Quälend langsam vergingen die Tage, die ich allein auf der See so dahintrieb. Am meisten dachte ich an meine Freundin und daran, dass ich sie unbedingt wiedersehen wollte. –

Immer wieder sagte er das und zu allen Leuten, die ihn nachher im Krankenhaus besuchten: „Ich habe nur überlebt, weil ich an meine Freundin dachte!"

JUDITH WENK

Lichtmesssegen

Dein Licht leuchte für uns
in den Dunkelheiten unseres Lebens.

Dein Licht stärke uns
in den Augenblicken der Schwachheit.

Dein Licht sei uns Hoffnung
in Angst und Verzweiflung.

Mit deinem Licht segne uns
auf unseren Wegen.

REISETIPP

KATHEDRALE ST. TRINITATIS IN DRESDEN

Direkt am Residenzschloss steht die von 1739 bis 1755 vom italienischen Baumeister Gaetano Chiaveri im Stil des römischen Spätbarocks erbaute katholische Hofkirche der Wettiner. Bei der Bombardierung Dresdens am 13. Februar 1945 erlitt das Gotteshaus schwere Schäden. Bis 1965 dauerte der Wiederaufbau. Die Hofkirche wurde 1980 zur Bischofskirche des Bistums Dresden-Meißen erhoben. Den Außenbau prägen das frei stehende, hohe Mittelschiff und ein dieses vollständig umlaufendes niedrigeres Seitenschiff. Daran schließt der mittig stehende Hauptturm an. Die Allegorien von Glauben, Hoffnung, Liebe und Gerechtigkeit und 74 Heiligenfiguren zieren Turm, Fassade und Ballustraden und verleihen dem Äußeren eine große Lebendigkeit. Die Silbermannorgel überstand den Krieg, da sie ausgelagert worden war.

März

Mi	1		Albin von Angers, David von Menevia, Roger le Fort
Do	2		Agnes von Böhmen, Karl der Gute, Angela de la Cruz
Fr	3		Friedrich v. Mariengaarde, Katharine M. Drexel, Camilla v. Auxerre
Sa	4		Kasimir von Polen, Rupert von Deutz, Walburga von Neuenheerse
So	5	2. Fastensonntag	Dietmar von Minden, Olivia von Brescia, Lucius I.
Mo	6		Fridolin von Säckingen, Mechthild von Hochsal, Rosa von Viterbo
Di	7		Perpetua und Felicitas, Volker v. Segeberg, Reinhard v. Reinhausen
Mi	8		Johannes von Gott, Felix von Dunwich, Julianus von Toledo
Do	9		Bruno von Querfurt, Franziska von Rom, Katharina von Bologna
Fr	10		Ämilian (Emil) von Langny, Gustav von Schweden, John Ogilvie
Sa	11		Rosina vom Allgäu, Ulrich von Kaisheim, Heinrich Hahn
So	12	3. Fastensonntag	Beatrix v. Engelport, Almut v. Wetter, Fina, Maximilian v. Theveste
Mo	13		Leander von Sevilla, Paulina von Paulinzella, Judith von Ringelheim
Di	14		Mathilde von Ringelheim, Eva von Lüttich, Konrad Müller
Mi	15		Louise de Marillac, Diedrich v. Andelsbuch, Klemens Maria Hofbauer
Do	16		Heribert von Köln, Julian von Tarsus, Guntmar von Lier
Fr	17		Gertrud von Nivelles, Patrick von Irland, Konrad von Bayern
Sa	18		Cyrill von Jerusalem, Felicianus (Felix), Eduard von England
So	19	4. Fastensonntag, CH: Josefstag	Josef, Marco von Montegallo, Sibylle Biscossi
Mo	20	Frühlingsanfang	Irmgard von Erstein, Wolfram von Sens, Claudia, Alexandra
Di	21		Axel von Lund, Christian von Köln, Emilie Schneider
Mi	22		Clemens August von Galen, Reinhild von Aldeneyk, Lea von Rom
Do	23		Turibio von Mongrovejo, Rebekka Ar Rayès, Walter von Rebais
Fr	24		Katharina v. Schweden (Karin), Oscar Romero, Elias v. Rommersdorf
Sa	25	Verkündigung d. Herrn	Jutta von Bernried (Judith), Ancilla, Annuntiata, Lucia Filippini
So	26	5. Fastensonntag	Liudger von Münster, Larissa (Lara), Emmanuel
Mo	27		Haimo von Halberstadt, Frowin von Engelberg, Ensfried von Köln
Di	28		Guntram, Stephan Harding, Ingbert Naab
Mi	29		Ludolf v. Ratzeburg, Helmut v. Winchester, Berthold v. Kalabrien
Do	30		Leonardo Murialdo, Amadeus IX. v. Savoyen, Ludwig v. Casoria
Fr	31		Kornelia, Clemens Fuhl, Benjamin v. Persien, Wido (Guido) v. Pomposa

BETEN LERNEN

JOSEF HOLTKOTTE

Vaterunser – Dein Reich komme

Sich auf Gott hin ausrichten

Das große Gebet am Altar, das Hochgebet, mündet in der Anbetung des Vaters: Wir beten – wie uns Christus gelehrt hat und wie es für unser Leben notwendig – not-wendend – ist. Wir beten das Vaterunser:

Vater unser im Himmel, geheiligt werde dein Name. Dein Reich komme. Dein Wille geschehe, wie im Himmel so auf Erden. Unser tägliches Brot gib uns heute. Und vergib uns unsere Schuld, wie auch wir vergeben unsern Schuldigern. Und führe uns nicht in Versuchung, sondern erlöse uns von dem Bösen. Denn dein ist das Reich und die Kraft und die Herrlichkeit in Ewigkeit. Amen.

Den Ursprung des Vaterunsers entdecken wir im Beten Jesu. Mit „Abba – lieber Vater“ wendet sich Jesus in all seinen Gebeten an Gott. Immer wieder spricht Jesus in den Evangelien in dieser Weise Gott an. Der Hintergrund des Vaterunsers ist die Gebetsnot der Jünger, die nicht recht wissen, wie sie beten sollen, oder sich in falscher Weise an Gott wenden. Jesus sagt, wie sie sprechen sollen. Im Vaterunser schlägt das Herz des Gebets Jesu. Ist das auch mein Anliegen, aus der ganzen Kraft meines Herzens zu beten oder zu bitten: „Herr, lehre mich beten“? Jedes Gebet übersteigt die menschlichen Kräfte. Der Geist Gottes selbst muss zu Hilfe kommen. Es geht um das Vertrauen, das seinen Grund in Jesus selbst hat, denn „wer recht zu beten weiß, der weiß auch recht zu leben“. Solches Beten kommt aus der Tiefe. Aus der Tiefe, in der Gott anwesend ist. Wer so betet, richtet sich auf Gott hin aus ... sucht Gott ... und findet ihn!

JOSEF HOLTKOTTE

Das Wort „Da wurden ihre Augen aufgetan“ (Lk 24,31) aus der Emmauserzählung hat sich Josef Holtkotte als Wahlspruch für seinen bischöflichen Dienst ausgesucht. Auf seinem persönlichen Glaubensweg hat er die Erfahrung gemacht, dass der Glaube ein Sehen schafft, das die Perspektiven verändert.
Josef Holtkotte ist dem Kolpingwerk eng verbunden. Seit 2012 übte er das Amt des Bundespräses des Kolpingwerkes Deutschland aus. Papst Franziskus ernannte ihn 2021 zum Weihbischof im Erzbistum Paderborn. Am 29. März feiert Weihbischof Josef Holtkotte seinen 60. Geburtstag.

Gebet

Vater unser im Himmel – der du alles geschaffen hast, auch die Jahreszeiten und die Natur in ihrer winterlichen Kargheit, den duftigen Frühling, die sommerliche Buntheit und die Fülle des Herbstes.
Geheiligt werde dein Name. – Denn die ganze Schöpfung singt dir Lob, und auch ich preise dich durch die grünen Zweige, die ihren Duft verströmen, auch in winterlicher Zeit.
Dein Reich komme. – Das Reich des Friedens und des Lichtes, vor dem jede Finsternis weicht; das Licht der Kerzen weise uns den Weg zu deinem Reich des Lichts.
Dein Wille geschehe – erleuchte, Herr, mir meinen Weg, damit ich deinen Willen erkennen kann, und gib mir dann den Mut und die Festigkeit, ihn auch zu tun.
Wie im Himmel so auf Erden. – In Betlehem haben sich Erde und Himmel verbunden im größten Geheimnis: Gottes Liebe wurde Mensch wie wir.
Unser tägliches Brot gib uns heute. – Besonders auch denen, die es nicht so gut haben; zeige uns den richtigen Umgang mit den Gütern dieser Welt – und lass bei uns auch das „geistliche Brot“ nicht fehlen, um unsere Seelen zu nähren.
Und vergib uns unsere Schuld – denn Jesus wurde Mensch, um die Schuld zu überwinden, die Kluft zu überbrücken, die die Sünde gerissen hat ... auch meine ganz persönliche ... damit wir die Liebe wieder aufnehmen und leben können.
Wie auch wir vergeben unseren Schuldigern. – Damit Frieden sein kann auf der Welt und in meinem Herzen ... Schalom ... Ganzheit ... Eins-Sein, versöhnt mit Gott und den Menschen und mit mir selbst.
Und führe uns nicht in Versuchung – sondern führe uns hindurch und hilf uns. Jede überwundene Versuchung mache uns fester in der Hoffnung und stärker im Glauben ... **sondern erlöse uns von dem Bösen.** – Du bist ja mächtiger als alles Negative, du hast ja gesiegt durch deine Auferstehung.
Denn dein ist das Reich und die Kraft und die Herrlichkeit in Ewigkeit. Amen.

Verfasser unbekannt

MANFRED BECKER-HUBERTI

Scala Santa, Kreuzweg und andere Formen der Passionsfrömmigkeit

Die Reise nach Jerusalem, bis heute von Kindern in einer Spielhandlung nachgespielt, war ursprünglich die Wallfahrt ins Heilige Land, die sich als Nachfolge Christi verstand. Wer sich auf die Spuren Jesu begab, folgte Christus nach: Er verinnerlichte seinen Glauben, indem er es Christus nachtat. Jerusalem war das vorrangigste Pilgerziel – Rom, Santiago de Compostela, Aachen, Trier und Köln waren nachgeordnet. Aber nicht jeder konnte eine langwierige und lebensgefährliche Wallfahrt antreten. Jerusalem war schließlich durch Araber besetzt und für Christen fast unerreichbar.

Die Menschen begannen deshalb Jerusalem zu Hause nachzubauen: Kalvarienberge entstanden: ein steiler Weg, der auf den Gipfel eines Berges führt, auf dem die Hinrichtungsstätte auf dem Berge Golgota nachgebaut wurde. Später wurden diese Kreuzwege in die Kirche eingebracht: als Bilder wurden die einzelnen Stationen des Kreuzweges in der Kirche aufgehängt. Auch das Grab Jesu in Jerusalem wurde in Europa nachgebaut: Einerseits ist das Grab Jesu, Heiliges Grab genannt, Bestandteil der Karfreitagsliturgie, andererseits wurde das Grab in Kirchen und Kapellen, die manchmal Klein-Jerusalem heißen, in Holz oder Stein errichtet. Die Zahl dieser Heiligen Gräber ist nicht bekannt.

Besondere Orte sind: die Kreuzkapelle an den Externsteinen im Lipper Land, zu der Menschen seit fast 900 Jahren pilgern; das Görlitzer Heilige Grab, das 1489 errichtet wurde; Klein-Jerusalem in Willich-Neersen (zwischen Neuss und Mönchengladbach) entstand in der zweiten Hälfte des 17. Jahrhunderts.

Tipp von Sr. Hedwig

PETERSILIE

Ab Anfang März, sobald der Boden frostfrei ist, kann die Petersilie direkt im Freiland ausgesät werden. Bis zur Keimung sollte genügend gewässert werden, denn zu trockener Boden verzögert das Keimen des Samens. Die Keimzeit beträgt 14 bis 21 Tage.

Man unterscheidet zwei Arten von Petersilie. Die Mooskrause Blattpetersilie wird am meisten angebaut. Ihre Blätter sind stark gekraust und werden hauptsächlich zum Garnieren und Würzen verwendet. Die Wurzelpetersilie besitzt ein glattes Blatt, hat aber die stärkere Würzkraft. Auch die Wurzel kann verwendet werden.

Die Blätter der Petersilie werden zum Würzen von Suppen, Soßen, Fleisch, Gemüse, Eintopf, Nudel- und Reisgerichten, Salaten, Kräuterbutter, Mayonnaisen, Quark- und Käsegerichten, Eiern, Aufläufen und Kartoffelgerichten sowie zum Garnieren verwendet. Die Blätter sollen jedoch nicht mitgekocht werden.

UTE ARNOLD

Aus der Tiefe

Heraus aus der Tiefe des
Jammertals
führt der Weg nur steil über
Golgatha
zur Erfüllung aller Sehnsucht in den
Höhen des
Himmels.

KALENDERBLATT

Elsa Brändström

Elsa Brandström, der „Engel von Sibirien“, kam 1888 in Sankt Petersburg zur Welt und besuchte bis 1908 ein Lehrerinnen-Seminar in Stockholm. Ihr Vater war schwedischer Militärattaché, weshalb sie abwechselnd in Schweden und Russland lebte. Im Ersten Weltkrieg ließ Brandström sich als Krankenschwester ausbilden und ging für das Schwedische Rote Kreuz nach Sibirien. Sie half in den Arbeitslagern und sorgte für bessere Lebensbedingungen der deutschen und österreichischen Gefangenen. Ihre Erfahrungen verarbeitete sie im Buch „Unter Kriegsgefangenen in Russland und Sibirien 1914-1920“. Gemeinsam mit ihrem späteren Mann, dem Pädagogik-Professor Robert Ulich, rief sie nach dem Krieg ein Waisenheim für Kinder verstorbener Gefangener ins Leben. Elsa Brandström starb vor 75 Jahren am 4. März 1948.

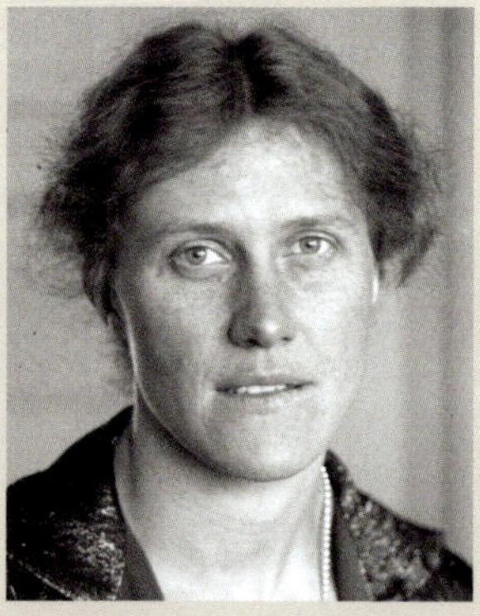

Jochen Klepper

Die Lieder des deutschen Schriftstellers finden sich sowohl im Evangelischen Gesangbuch als auch im katholischen Gotteslob wieder. Geboren wurde Jochen Klepper vor 120 Jahren, am 22. März 1903, in Beuthen an der Oder. Gemeinsam mit vier Geschwistern wuchs er in einem evangelischen Pfarrhaus auf. Jochen Klepper begann 1922 ein Studium der Evangelischen Theologie in Erlangen, setzte es bald darauf in Breslau fort. Ohne Abschluss verließ er die Universität und arbeitete ab 1927 als Journalist beim Evangelischen Presseverband für Schlesien. Kleppers spätere Ehe mit Johanna Stein brachte zwei Stieftöchter in sein Leben. Die Familie zog 1932 nach Berlin und der Schriftsteller arbeitete beim Rundfunk. Mit Beginn des Zweiten Weltkriegs wuchs Kleppers Angst um das Schicksal seiner jüdischen Frau und Töchter. Als 1942 die Deportation der Familie in ein KZ unausweichlich war, nahmen sie sich in der Nacht vom 10. auf den 11. Dezember gemeinsam das Leben. Jochen Klepper übergab seine Manuskripte kurz zuvor einem Nachbarn.

AUS DER KÜCHE VON

Elisabeth Jirikowski
Bischofsköchin des Salzburger Erzbischofs

Zanderfilet auf Gemüse

für 4 Personen

ZUTATEN

600 g Zanderfilets	3 Jungzwiebeln
2 EL Semmelbrösel	1 Knoblauchzehe
4 EL Olivenöl	250 g Champignons
2 Paprika (gelb und rot)	3 EL Olivenöl
150 g Erbsenschoten	30 g Thymian

ZUBEREITUNG

Paprika, Erbsenschoten und Jungzwiebeln putzen und in 3 cm große Stücke schneiden. Zanderfilets salzen, pfeffern und mit der Hautseite in die Brösel drücken. In einer Pfanne Öl erhitzen, Filets mit der Hautseite nach unten einlegen und langsam goldbraun braten, wenden und kurz fertig braten. In einer zweiten Pfanne Gemüse scharf im Öl anbraten, mit Salz, Pfeffer und Knoblauch würzen, Thymian untermischen. Zanderfilets mit dem Gemüse anrichten. Als zusätzliche Beilage passen Kartoffeln oder Reis.

Küchentipps

Fettarmer Zander

Mit nur 0,7 g Fett pro 100 g Fisch hat Zander ein sehr mageres Fleisch. Zanderfilets sind meist sehr grätenarm und haben ein festes Fleisch, wodurch sie sich gut zum Braten und Grillen eignen.

Lagerung

Generell sollte man frischen Zander und Zanderfilet möglichst schnell nach dem Einkauf auf den Tisch bringen. Deckt man den Fisch mit Folie locker ab, kann er im Kühlschrank ein bis zwei Tage aufbewahrt werden. Gefrorene Filets taut man im Kühlschrank auf. Anschließend tupft man den Fisch trocken.

MARION KÜSTENMACHER

Von der Stille

Das menschliche Herz ist ein überaus aufnahmefähiges Organ für alles, was von außen an Bildern, Eindrücken und Emotionen auf es einstürmt. In guten Momenten läuft das Gefäß unseres Herzens über vor Freude oder Glück. In traurigen Zeiten fühlt es sich bleischwer an von Kummer und Leid, die tief hinunter auf den Boden gesunken sind. Manchmal wiederum bleibt in ihm nichts als eine trockene, öde Leere zurück und man fühlt sich wie abgeschnitten vom Strom des Lebens.

Was bringt das Herz dazu, sich wieder als das zu spüren, was es im Innersten ist, ein wundervolles Organ der Liebe?

Man kann ihm eine Stunde in Schweigen schenken. Und sich dabei eine kleine Imagination gönnen. Dazu kann man sich vorstellen, wie ganz langsam klares Wasser hineinströmt und die Herzinnenwände erfrischt. Man schaut diesem Fließen so lange zu, bis sich mitten im eigenen Herzen ein See gebildet hat. Das Strömen hört langsam auf, die Oberfläche wird glatt und ruhig. Der See ist wunderbar klar. Man sieht hinunter bis auf seinen tiefsten Grund. Wenn man gesammelt bei diesem inneren Bild bleibt, kann man körperlich spüren, wie sich das eigene Herz weitet. Wie es sich wieder als Raum von Güte und bedingungsloser Zuneigung erfährt. Und dann entdeckt man auch, schwebend auf dem Wasser der Stille, die Blüten der Liebe, die man glücklichen Herzens an andere weiterschenken kann.

Das Gefäß

Ich habe das Gefäß meines Herzens in diese schweigende Stunde getaucht.
Es hat sich mit Liebe gefüllt.

Rabindranath Tagore

Von der Freude einfacher Dinge

Was das Leben wirklich ausmacht, sind die kleinen, unscheinbaren Dinge: ein mit Liebe gebackener Kuchen, ein schön arrangierter Blumenstrauß oder ein voller Lebensfreude geschwenkter Hut. Mit dem Herzen betrachtet, liegt in ihnen eine tiefere Botschaft versteckt. Die kleinen Dinge des Lebens können uns Weisheiten lehren.

Ein Wunder ist etwas, das uns die Augen öffnet für das Unglaubliche mitten im scheinbar Gewöhnlichen.

Marion Küstenmacher

Von der Sorgfalt

Sorgfalt ist Achtsamkeit im Tun. Sie ist bereit, sich um etwas zu kümmern, etwas zu pflegen und zu behüten. Sorgfalt ist eine Qualität, die täglich praktiziert werden will. Auch und gerade im Alltag mit seinen langweiligen Routineabläufen. Hier kann man sich darin üben, mit Sorgfalt ein Hemd zusammenzulegen, einen Tisch zu decken, ein Protokoll zu schreiben oder ein Meeting vorzubereiten. Die Ordensregel des heiligen Benedikt erwartet von den Mönchen, dass sie alle Gegenstände des Klosters mit der gleichen Sorgfalt behandeln wie das kostbare Altargerät in der Kirche. So werden alle materiellen Dinge, auch die bescheidenen, kostbar. Die Fürsorge, mit der sie gepflegt werden, macht sie zu Symbolen, durch die man das Heilige im Alltag spüren kann.
Sorgfalt beansprucht nicht den ersten Platz, sonst wäre sie aufdringlich und pedantisch. Sorgfalt wirkt im Hintergrund, um der Schönheit den Vortritt zu lassen. Sorgfalt bereitet den Boden für Ruhe und Gelassenheit. Mit Sorgfalt kann man in einem Raum nicht nur Ordnung schaffen, sondern ihn auch in eine angenehme Umgebung verwandeln. Und in Beziehungen stiftet Sorgfalt ein grandioses Fundament für den guten Umgang miteinander. Man braucht sich nur einmal vorzustellen, dass wir Menschen uns gegenseitig mit der gleichen Fürsorge und Achtsamkeit behandeln wie Meister Ryōkan seine Vase. Von Einsamkeit kann dann bei so viel Sorgfalt keine Rede mehr sein.
Marion Küstenmacher

Die Vase
Von jetzt an wird dich nicht einmal die kleinste Staubflocke belästigen. Tag und Nacht in meiner Fürsorge wirst du nie mehr einsam sein.
Meister Ryōkan

LUDWIG GSCHWIND

Ein Mirakel für alle Zeiten – Die Passionsblume und das Leiden Christi

In der Kunst spielen Symbole eine große Rolle. Wenn die Mönche des Mittelalters vor der Erfindung des Buchdrucks in den Skriptorien der Klöster Bücher abgeschrieben haben, dann malten sie auf das Pergament wunderbare Anfangsbuchstaben. In den Messbüchern kann man zu den Festtagen kleine Bilder, echte Kostbarkeiten, entdecken. Die Mönche in den Schreibstuben rahmten darüber hinaus die Texte, besonders der Evangelien, mit Ranken und Blumen ein. So entstanden in mühevoller Kleinarbeit wertvolle Bücher.

Die einzelnen Mönche blieben namenlos. Auf Grund von bevorzugten Ornamenten lassen sich bestimmte Schreibschulen ermitteln wie das Kloster St. Gallen oder die Reichenau, das Kloster Hirsau oder Zwiefalten. Auch die Prämonstratenser von Ursberg verfügten über Ordensangehörige, die diese hohe Kunst beherrschten.

Der eine oder andere Mönch hatte freilich eine Art zu schreiben oder zu malen, die ihn deutlich von den anderen unterschied. Man kann dies auch bei den Malern des Mittelalters, die ihre Bilder nicht signierten, feststellen. Die Kunstexperten sprechen dann vom „Veilchenmeister" oder vom „Nelkenmeister", weil auf den Bildern Veilchen oder Nelken statt einer Signatur zu sehen sind. Andere bevorzugten Vögel wie etwa der „Stieglitzmeister", ein Maler aus dem Oberschwäbischen. Wer die Buchmalereien, die bei Ausstellungen zu sehen sind, oder die mittelalterlichen Bilder betrachtet, die auf den Altären der Kirchen ihren Platz gefunden haben oder in Museen, wird bei den Passionsdarstellungen dann und wann Rosen entdecken. Man sah sie in enger Verbindung zum Leiden Christi. Jesus wurde eine Dornenkrone aufs Haupt gesetzt. Rosen tragen Dornen. Die Blüte der Rose hat fünf Blätter. Hier sah man einen Zusammenhang mit den fünf Wunden Jesu. Erstaunlicherweise kann man nirgends eine Passionsblume sehen, obwohl sie doch viel eindeutiger vom Leiden Christi spricht als jede andere Blume, die man sich denken kann. Das ist jedoch nicht verwunderlich, wenn man weiß, dass die „passiflora" erst im 17. Jahrhundert in Südamerika entdeckt wurde und man sie damals nach Europa brachte. Der Jesuit Giovanni Battista Ferrari aus Siena hat der Blume den Namen gegeben. Er nennt sie ein „Mirakel für alle Zeiten". Er ist der festen Überzeugung: „Die göttliche Liebe hat darin mit eigener Hand die Schmerzen Christi bezeichnet."

Der Jesuit Giovanni Battista Ferrari aus Siena hat der Blume den Namen gegeben. Er nennt sie ein „Mirakel für alle Zeiten".

Wer die Passionsblume betrachtet, wird dem frommen Ordensmann und Botaniker recht geben. Man kann sehr deutlich die drei Nägel erkennen. Mit drei Nägeln wurde Jesus ans Kreuz genagelt. Es lassen sich auch die fünf Wundmale entdecken. Der geübte Blick des Symbolforschers sieht auch die Geißeln und die Lanze, nicht zuletzt die Dornenkrone. Die zehn Blütenhüllenblätter stellen die zehn Apostel dar. Zwei Apostel fehlen. Es sind dies Simon Petrus, der Jesus verleugnet hat, und Judas Iskarioth, der Jesus verraten hat. Mit dem gelehrten Jesuiten Ferrari möchte man die Passionsblume ein „Mirakel für alle Zeiten“ nennen, denn in dem geschundenen Kontinent, in dem die Passionsfrömmigkeit eine so große Rolle spielt, erblüht die Leidensblume. Sowohl die Franziskaner wie die Jesuiten haben Passionsspiele aufgeführt und in aufwendigen Prozessionen das Leiden Christi dargestellt. Dies hat sich bis heute erhalten. Im Blick auf das Leiden Christi haben die Indios ihr eigenes Leiden als Mitleiden mit Jesus empfunden. Sie schöpften daraus Trost und Kraft. Die Passionsblume mit ihrer Schönheit verkündet in ihren Augen, dass alles Leid bei Gott einen Sinn erfährt. Vermutlich wird auch eine Legende erzählt, dass die Passionsblume erstmals unter dem Kreuz erblühte und von einem Engel nach Südamerika gebracht wurde, um lange bevor die Spanier kamen, einen Boten der Frohen Botschaft dorthin zu bringen, denn die Passionsblume hat nur die eine Botschaft: Jesus hat durch sein Leiden und Sterben die Menschen erlöst und ihnen den Himmel geöffnet.

RAINER MARIA RILKE

Veilchen

Seit gestern steht eine große Schale mit Veilchen hier, wie selten wag ich Blumen zu holen; denn auch zu ihnen ist mir die Liebe eine Mühsal geworden, ihr gelassenes, zerstreutes, träumerisches Wohltun steht in keinem Verhältnis zu meiner angestrengten Bemühung, sie abzuschneiden und anzuordnen, ich finde, sie machen ungeheuere Ansprüche. Was für Gespenster überall, Magda. Voriges Jahr, gegen den Frühling hin, nach meiner Rückkehr aus Spanien, traf es sich so, dass einzelne Bekannte mir manchmal Blumen brachten, ich kann Dir versichern, sie hätten mir nichts Schlimmeres antun können. Einmal (wie soll man so etwas je wieder vergessen!) war ich den ganzen Tag fortgewesen in der Umgebung, spät abends kam ich zurück, vor meiner Tür im Treppenhaus lagen eine große Menge Blumen, freie, vom Land hereingeholte und hohe blühende Zweige von Pfirsich und Apfel, sie waren sicher das Wunderbarste, was man da finden konnte. Ist es nun lächerlich oder entsetzlich: Ich arbeitete, todmüde, zwei Stunden, diese Blüten bei mir unterzubringen, kein Gefäß schien hoch genug für die schweren sich spreizenden Äste, wenn ich meinte, es bewältigt zu haben, so waren immer noch Blumen da, mit meinem Licht entdeckte ich sie, im Dunkeln, an den unmöglichsten Stellen, auf der Erde, in Lehnsesseln,

Ich arbeitete, todmüde, zwei Stunden, diese Blüten bei mir unterzubringen, kein Gefäß schien hoch genug für die schweren sich spreizenden Äste …

quer über den Büchern, ich konnte mich nicht entsinnen, sie hingelegt zu haben. Ich suchte nach einem anderen Glas, ich kam zurück, mein Licht blendete mich in der hohen Finsternis, ich fand die Blumen nicht mehr, ich fand andere. Ach, die sahen so müde aus, wie in Ohnmacht, – man hatte sie gewiss den ganzen Tag in der Hand getragen, welke Menschenwärme war an den Stängeln, mein Gewissen regte sich, ich fühlte, man sollte viel für sie tun. Da kniete ich und hatte meine Kerze zu ihnen auf die Erde gestellt und wollte sie auseinanderlösen und tat ihnen sicher nicht, was sie brauchten; wenn ich aufsah, so stand der Schatten des Gezweigs an der Wand, wider mich wie eine riesige Kralle. Und wie's schließlich doch getan war, da warf ich, im Vorübergehen, das hohe Gefäß mit den Zweigen um, eine Flut Wassers ergoss sich herüber. Gibt's eine Hölle, Magda, gibts eine Hölle? Wenns einer träumt, dann darf er doch aufwachen. Mir waren diese Nachtstunden, als bekäm ich ein bitterstes Weinen in Stücken ins Herz gedrückt und sollte es dort nach und nach lösen und hätte nur dazu meine innerste Wärme. Verzeih, dass ich Dir das erzähl, ach Liebe.

JOCHEN KLEPPER

Er weckt mich alle Morgen

Er weckt mich alle Morgen;
er weckt mir selbst das Ohr.
Gott hält sich nicht verborgen,
führt mir den Tag empor,
dass ich mit seinem Worte
begrüß' das neue Licht.
Schon an der Dämmerung Pforte
ist er mir nah und spricht.

REISETIPP

KREUZKAPELLE AN DEN EXTERNSTEINEN

Die jährlich von bis zu einer Million Menschen besuchten Externsteine sollen im Jahr 1093 vom Kloster Abdinghof im nahen Paderborn gekauft worden sein. In diese Zeit datiert man auch die gestalterischen Arbeiten, die an den Felsen und in ihrem Umfeld durchgeführt wurden. So entstanden u. a. das Felsengrab und die obere Kapelle, die man als Nachbauten der Grabheiligtümer in Jerusalem ansieht. In den Höhlen in den Sandsteinfelsen lebten vermutlich Mönche als Einsiedler. Eine Weiheinschrift in der unteren Heiligen-Kreuz-Kapelle nennt das Jahr 1115. Nur wenig später, um 1130/1150 entstand das in den Grottenstein gemeißelte Kreuzabnahmerelief. Die Darstellung gilt als älteste aus einem Felsen herausgearbeitete Großplastik nördlich der Alpen. Ursprünglich vermutete man in den Externsteinen ein germanisches Heiligtum. Ausgrabungen erbrachten jedoch keine eindeutigen Hinweise. Die Felsgruppe besteht aus 13 einzelnen Felsen, die bis zu 40 m in die Höhe ragen.

April

Sa	1		Hugo von Grenoble, Irene von Thessaloniki, Cäsarius von Speyer
So	2	Palmsonntag	Franz von Paola, Sandrina (Sandra), Maria von Ägypten
Mo	3		Aloisius Scrosoppi, Richard v. Chichester, Elisabeth Koch
Di	4		Isidor von Sevilla, Konrad von Weißenau, Benedikt von San Fratello
Mi	5		Juliana von Lüttich, Vinzenz Ferrer, Crescentia Höß, Gerhard
Do	6	Gründonnerstag	Petrus der Märtyrer, Notker der Stammler, Wilhelm von Aebelholt
Fr	7	Karfreitag	Johann Baptist de la Salle, Burchard von Halberstadt
Sa	8		Walter von Rebais, Beate von Ribnitz, Maria Rosa Julia Billiart
So	9	Ostersonntag	Waltraud v. Mons, Konrad I., Hugo v. Rouen, Dimitri v. Saloniki
Mo	10	Ostermontag	Magd. Gabriela von Canossa, Engelbert von Admont, Pierre
Di	11		Stanislaus von Krakau, Reiner von Osnabrück, Gemma Galgani
Mi	12		Julius I., Herta v. Rom, Josef Moscati, Damian v. Pavia
Do	13		Martin I., Ida von Boulogne, Paulus der Diakon
Fr	14		Lidwina die Dulderin (Lydia), Ernestine von Neuburg (Erna)
Sa	15		Nidgar von Augsburg, Waltmann von Antwerpen, Huna (Unna)
So	16	2. So. der Osterzeit	Bernadette Soubirous, Benedikt Josef Labre, Magnus v. Schottland
Mo	17		Eberhard von Wolfegg, Max Josef Metzger, Katharina Tekakwitha
Di	18		Wigbert (Wigo) v. Augsburg, Ursmar v. Lobbes (Urs), Aya v. Mons
Mi	19		Leo IX., Marcel Callo, Gerold v. Großwalsertal, Friedrich v. Altzelle
Do	20		Wilhelm der Pilger, Agnes v. Montepulciano, Odette v. Rivreulle (Uta)
Fr	21		Konrad v. Parzham, Anselm v. Canterbury, Alexandra v. Ägypten
Sa	22		Kajus v. Rom (Kai), Wolfhelm v. Brauweiler, Leonides v. Alexandria
So	23	3. So. der Osterzeit	Adalbert von Prag, Georg der Märtyrer (Jörg), Gerhard von Toul
Mo	24		Fidelis von Sigmaringen, Wilfried von York, Egbert von Irland
Di	25		Evangelist Markus, Ermin (Erwin) v. Lobbes, Franca Visalta, Hermann I.
Mi	26		Ratbert von Corbie, Richarius von Centula, Helene Leuther
Do	27		Petrus Kanisius, Zita, Floribert von Lüttich, Simon von Jerusalem
Fr	28		Peter Chanel, Vitalis und Valeria, Ludwig M. Grignion
Sa	29		Katharina von Siena, Hugo von Cluny, Roswitha von Liesborn
So	30	4. So. der Osterzeit	Pius V., Bernhard II., Pauline v. Mallinckrodt, Rosamunde v. Vernon

DEN AUFSTAND WAGEN

BISCHOF DR. GERHARD FEIGE

Ostern – den Aufstand wagen

Unstillbar scheint die Sehnsucht nach Leben zu sein, die uns Menschen in die Wiege gelegt ist. Nicht nur vegetieren wollen wir, sondern erfüllt und sinnvoll leben. Bewusst oder unbewusst verlangen wir sogar nach Unendlichkeit. Manche träumen von einer ewigen Jugend oder zumindest davon, in ihren Kindern weiterzuleben. Das Herz soll jung und der Geist frisch bleiben. Dafür setzen viele auf richtige Ernährung und Fitnessübungen, auf Vorsorgeuntersuchungen und medizinische Behandlungen. Und fürs Äußerste stehen auch noch Intensivstationen bereit. Selbst in aussichtslosen Situationen klammern Menschen sich an das Leben und wünschten, es möge weitergehen – wie auch immer.
Enttäuscht müssen wir jedoch feststellen: Unsere Erwartungen zerbrechen an den Erfahrungen. Immer wieder stoßen wir an Grenzen und leiden an der Unvollkommenheit der Welt. Schuld und Versagen behindern das eigene Leben und das der anderen. Menschen werden fallen gelassen, ausgegrenzt, sind erledigt und verkümmern. Manche leben zwar äußerlich noch, sind aber innerlich schon längst abgestorben.
Letztendlich erwartet irgendwann jeden und jede der Tod. Man kann diese Tatsache verdrängen und sich – solange es geht – genüsslich vergnügen. Man kann heroisch dieses Schicksal annehmen und versuchen, dennoch aus seinem Leben etwas zu machen. Man kann sich aber auch gläubig auf die Zumutung der Osterbotschaft einlassen: Jesus Christus hat ein für alle Mal die Macht des Todes gebrochen.
Früher – so las ich neulich – lebten die Menschen „40 Jahre plus ewig", heute leben sie „nur noch 90 Jahre". Nein, es gibt auch in unserer Zeit viele, die daran

EIN RUF NACH OSTERN

Wo Dunkelheit und Distanz herrschen –
komm, du Licht der Auferstehung!
Wo Trostlosigkeit und Trauer tief sitzen –
komm, du Freude der Auferstehung!
Wo Mut und Perspektiven verloren gegangen sind –
komm, du Hoffnung der Auferstehung!
Wo Antrieb und Ideen fehlen –
komm, du Kraft der Auferstehung!

Elisa Vogginger

glauben, über den Tod hinaus eine Zukunft zu haben. Damit kann man vielleicht nicht nur beruhigter sterben, sondern auch intensiver leben. Ein solcher Glaube an die Auferstehung ist keine billige Vertröstung auf ein Jenseits; er ermutigt vielmehr, auch schon jetzt „den Aufstand zu wagen" und mit dazu beizutragen, dass die zwischenmenschlichen Verhältnisse gerechter und liebevoller werden.

Ich kenne einen
der ließ sich von uns die Suppe versalzen
der ließ sich von uns die Chancen vermasseln
der ließ sich von uns das Handwerk legen
der ließ sich für dumm verkaufen
der ließ sich einen Strick drehen
der ließ sich an der Nase herumführen
der ließ sich übers Ohr hauen
der ließ sich von uns kleinkriegen
der ließ sich von uns in die Pfanne hauen
der ließ sich von uns aufs Kreuz legen
der ließ sich von uns Nägel mit Köpfen machen
der ließ sich zeigen was ein Hammer ist
der ließ sich von uns festnageln auf sein Wort
der ließ sich seine Sache was kosten
der ließ sich sehen am dritten Tag

der konnte sich sehen lassen

Lothar Zenetti

PATER DR. ECKHARD BIEGER SJ

Der Osterhase

Der Osterhase bevölkert zu Ostern die Gärten und gibt dem Fest einen verspielten Charakter. Die Erwachsenen haben mit dem Osterhasen die Möglichkeit, den Kindern eine festspezifische Freude zu bereiten. Die Verbreitung dieses Hasen ist der Marketingstrategie der Süßwarenindustrie zu verdanken, die im 19. Jh. sowohl über genügend Kakao wie Zucker verfügte, um breitere Bevölkerungsschichten zu beliefern. Trotz der ländlichen Anmutung ist der Osterhase ein Produkt der Städte und war als Osterbrauchtum auf dem Land lange unbekannt. Dass man dem Osterhasen andichtet, er lege die Ostereier, wird aus der Beobachtung abgeleitet, dass der Hase (oder das Kaninchen) eine Zeit lang sitzt und dann loshoppelt.

Wie der Osterhase als christliches Symbol im 19. Jh. zum Bestandteil des Brauchtums werden konnte, ist noch nicht geklärt. Im Kreuzgang des Paderborner Doms gibt es ein Hasenfenster zu besichtigen. In einer kleinen Rosette sind drei Hasen kreisförmig so angeordnet, dass sie nur drei Ohren haben. Sie haben mit den Nachbarhasen jeweils ein Ohr gemeinsam. Die Darstellung gilt als Symbol für die Dreifaltigkeit. Mit dieser Hasendarstellung wurden schon im 18. Jh. Ostereier bemalt.

In der byzantinischen Überlieferung gilt der Hase deshalb als Symbol der Auferstehung, weil es von ihm heißt, dass er beim Schlafen die Augenlider nicht schließt. Da der Schlaf schon als eine Vorstufe des Todes empfunden wurde, deuten die offenen Augen darauf hin, dass der Schlafende ins Leben zurückkehren wird.

Tipp von Sr. Hedwig

LÖWENZAHN

Endlich gibt es ihn wieder, den Röhrlsalat oder genauer gesagt den Löwenzahn. Man sollte die jungen zarten Triebe ernten, bevor sich die Blüte bildet. Sie eignen sich ideal für einen Salat. Beim Sammeln sollten Sie Wiesen und Wegraine bevorzugen, an denen kein Durchgangsverkehr vorbeifließt. Dem Löwenzahn sagt man nicht nur seit dem Mittelalter eine heilende Wirkung nach. Er ist harntreibend, entgiftend, gleichzeitig verdauungsfördernd, blutreinigend sowie belebend. Für einen Salat brauchen Sie frische grüne Löwenzahnblätter, festkochende Kartoffeln, Zwiebeln oder Schalotten, Essig, Öl, Salz und Pfeffer. Wer will, kann mit hart gekochten Eiern den Salat verfeinern. Am besten schmeckt Löwenzahnsalat lauwarm serviert!

CHRISTIAN MORGENSTERN

Des Nachts

Des Nachts im Traum auf grünem Rasen
beschenken Paul die Osterhasen.
Zwei Eier legen sie gewandt
ihm auf den Arm und unter die Hand.
Am Himmel steht der Mond und denkt:
Ich werde nicht so schön beschenkt.

Reinhold Schneider

Reinhold Schneider wurde 1903 in Baden-Baden geboren. Er arbeitete in einer Buchdruckerei, bevor er 1928 als freier Schriftsteller tätig wurde. Schneider zog 1938 nach Freiburg und wurde Mitglied des konservativ-katholischen „Freiburger Kreises“ um den Publizisten Karl Färber. In seinem Buch „Las Casas vor Karl V.“ klagte er Unterdrückung, Rassenwahn und falsch verstandene Religiosität an. Reinhold Schneider bekam 1941 Schreibverbot und Anfang 1944 musste er untertauchen. Eine Anklage wegen Hochverrat kam wegen des nahenden Kriegsendes nicht mehr zustande. Nach dem Zweiten Weltkrieg galt er als „Gewissen der Nation“ und wurde vielfach geehrt. Die Ablehnung der Wiederbewaffnung Deutschlands führte allerdings zu seiner beruflichen Isolation. Reinhold Schneider starb vor 65 Jahren am 6. April 1958.

Pablo Picasso

„Gott ist ja auch nichts anderes als ein Künstler. Er erfand die Giraffe, den Elefanten und die Katze.“ Als Sohn eines Kunst- und Zeichenlehrers wurde Pablo Ruiz Picasso am 25. Oktober 1881 im spanischen Malaga geboren. Schon mit neun Jahren vollendete der Künstler sein erstes Gemälde. Picassos Vater sah ein Wunderkind in ihm und förderte das akademische Zeichnen frühzeitig. Der Künstler nahm sein Malereistudium 1897 an der traditionsreichen Akademie San Fernando auf. Zwei Jahre später kehrte Picasso nach Barcelona zurück und wurde ein Teil der Künstlergruppe „El Quatre Gats“. 1900 gestaltete die Formation ihre erste gemeinsame Ausstellung. Nach dem Selbstmord seines Künstlerfreundes Carles Casagemas kreierte Picasso 1902 die Blaue Periode, worauf 1906 die Rosa Periode folgte. Er gilt bis heute, neben George Braques, als Erfinder des Kubismus. Pablo Picassos Schaffenskraft ist ausnahmslos: Er schuf über 15.000 Gemälde, 7000 Zeichnungen und 1200 Skulpturen. Pablo Picasso starb vor 50 Jahren am 8. April 1973 in Frankreich.

Johann Bernhard Fischer von Erlach

Johann Bernhard Fischer kam 1656 in Graz zur Welt und erlernte bei seinem Vater das Bildhauerhandwerk. In Rom machte er sich u. a. bei Bernini mit der Barockarchitektur vertraut. Im Jahr 1688 kam er nach Wien und arbeitete von nun an nur noch als Architekt. Zahlreiche Entwürfe für Schlösser und Palais gehen auf ihn zurück. Auch für das Kaiserhaus war Fischer tätig – nach seinen Plänen erfolgte ab 1696 der Neubau von Schloss Schönbrunn. Im selben Jahr erfolgte seine Erhebung in den Adelsstand als „von Erlach“. Sein bekanntester Sakralbau ist die Karlskirche in Wien. Fischer von Erlach, der in seinen Bauten immer wieder klassizistische Elemente aufgriff, starb vor 300 Jahren am 5. April 1723.

AUS DER KÜCHE VON

Cäcilia Draschwandtner

Pensionierte Chefin des Brunnerwirts in Fuschl

Geschmorte Lammkeule

für 4 Personen

ZUTATEN

4 Lammkeulen
Kräutergewürzsalz
Pfefferkörner
frische Kräuter
Knoblauch
Mirepoix
Tomatensoße
Rotwein
Lamm- oder Gemüsefond

Funktioniert auch mit Hühnerkeulen!

ZUBEREITUNG

Lammkeule mit Kräutergewürzsalz einreiben, am Knochen etwas ablösen und frische Kräuter und Knoblauch hineinstecken; anbraten, Mirepoix dazugeben, mitrösten, tomatisieren und Rotwein und Fond aufgießen; frische Kräuter und Pfefferkörner dazugeben. Bei 160 °C ca. 60 min im Ofen garen lassen.
Die Soße passieren und mit Butterflocken sämig binden; blanchiertes Frühlingsgemüse in Butter anlaufen lassen, die Lammsoße und die Keule dazugeben. Mit Schafkäsespinatknöderl servieren!

Küchentipps

Gegrilltes Lamm
Lammfleisch eignet sich sehr gut zum Grillen, da es gleichmäßig mit Fett durchzogen ist. Kleine Stücke gelingen ebenso wie eine Lammkeule. Überschüssiges Fett sollte vorher abgeschnitten werden. Entfernen Sie bei größeren Stücken die das Fleisch umgebende dünne, durchsichtige Haut.

Ruhen lassen
Große Stücke Lammfleisch vor dem Aufschneiden etwa 10 min ruhen. Das Fleisch in dieser Zeit locker mit Folie abdecken.

Geschmortes Lamm
Nicht alle Teile des Lammes kommen für das Schmoren infrage. Hierfür sind besonders Brust und Bauchlappen, Bug und Hals, Haxen sowie Schulter und Nacken geeignet.

UWE SEIDEL

Osternacht

Bruder Christus,
du hast alles gekannt und alles erlebt:
Verraten und verkauft von Judas,
geleugnet und abgeschrieben von Petrus,
von Ferne beobachtet von den Jüngern –
hast du durch Not und Tod das Vertrauen zu deinem Vater,
unserem Gott, nicht begraben.
Als alle dich im Stich ließen,
hast du dich nicht von ihnen losgesagt.
Als sie dich aufs Kreuz legten, hast du um Verständnis gebeten:
Vergib ihnen, Vater, sie wissen nicht, was sie tun.

Bruder Christus,
du hast Gott mehr gehorcht als den Mächtigen
und deine Fahne hast du nicht nach dem Wind gehängt.
Du hast dich von ihnen nicht abhängig gemacht,
sondern warst bis in den Tod von Gott abhängig.
Bis zum letzten Atemhauch bist du eingestanden für die,
die dich bloßstellten, die dir die Kleider vom Leibe rissen
und dich schlugen.
Du hast sie nicht verflucht, nicht sie, nicht Gott.
Sie haben dich nicht kleingekriegt, nicht damals,
nicht heute.

OSTERN – GESCHMACK DES EWIGEN LEBENS

Wer keine Musik kennt, meint vielleicht, ohne sie entbehre er nichts – vielleicht! Jedenfalls, wer einmal auf den Geschmack gekommen ist, der kann ohne sie nicht leben. Ostern weckt und kräftigt den Geschmack am Leben. Christen verachten nicht das, was ist. Aber sie lassen sich damit nicht abspeisen. Ihre Sehnsucht, ihre Lust am Leben greifen weit darüber hinaus, sie wittern mit allen Sinnen die Signale des ewigen Lebens.

Bischof em. Dr. Franz Kamphaus

Du lebst unter uns, und wir lernen, auf Gott zu vertrauen,
wie du es getan hast – bis in die Reiche des Todes.
Du bist auferstanden, Christus,
du bist wahrhaftig auferstanden.

Psalm

Ostern ist nun vorbei
Es geht mir besser Herr mein Gott
Es war ein Traum
In meiner Seite eine Lanze
Ich rief nach einem Essigschwamm
Und als ich wach mein Gott
Es war nur ich der tief gedämmert
Und Ostern meine Fröhlichkeit hast du gemacht
Und Auferstehung ist geschehen
In deinem Namen und für uns
Damit wir mutig sind zum Weltspaziergang
Und uns auf Erden wie im Himmel wiedersehen
Durch dein Gesetz
Durch deine Gnade
Und durch deine Liebe.

Hanns Dieter Hüsch

WILHELM TEN HAAF

Langsamer als eine Schnecke

„Marc-Oliver!“
Ein durchdringender Ruf.
Nicht zu überhören: Mama.
„Ein doofer Urlaub!“, schimpfte Marc-Oliver. „Niemand zum Spielen da und nichts darf man!“ Er kroch aus der Hecke hervor. Sie wuchs vor dem Holzzaun. Der bildete an allen Seiten des Gartengrundstücks die Grenze zu den Nachbarn. Der Garten gehörte zur Pension „Oberleitner“. Er war der ganze Stolz von Herrn Oberleitner. „Was machst du da?“, fragte Mama. Sie saß im Bikini auf einer Liege. An Ostern. So heiß war es. Papa lag daneben und las Zeitung.

„Ein doofer Urlaub!“, schimpfte Marc-Oliver. „Niemand zum Spielen da und nichts darf man!“ Er kroch aus der Hecke hervor.

„Ich wollte einen Vogel fangen. Mit einem gelben Schnabel.“
„Aha, eine Amsel!“, sagte Papa.
„Wenn du so herumstreunst, trittst du im Garten noch etwas kaputt! Wir wollen keinen Ärger! Papa und ich brauchen auch unseren Urlaub!“
„Lass, Christian, der Junge hat Langeweile. Komm, Marc-Oliver!“ Papa ging mit ihm auf den Balkon ihrer Ferienwohnung. „Siehst du das weiße Gebäude dahinten, unterhalb des Berges?“ Marc nickte. „Das ist Schloss Neuschwanstein. Sehr berühmt. Das werden wir morgen besuchen.“
„Ja.“
„Das klingt ja nicht sehr begeistert. Dann freu dich wenigstens am Frühling, an den Osterglocken, den Knospen der Bäume. Hier riecht es überall nach Gras und wie riecht es bei uns in der Stadt?“
Danach las Papa weiter Zeitung. Marc schlich sich aus dem Garten an die Straße. Schräg gegenüber stand das Hoftor offen. Ein Mann hing eine Maschine an einen Trecker an. Marc wäre gern mitgefahren. Eine ältere Frau hackte im Garten, eine jüngere brachte etwas in einen der Ställe. Ein Mädchen mit dunkelbraunen Haaren lief am Misthaufen vorbei. Sie war höchstens ein Jahr älter als er, also acht. Ein großer Hund schlich herum und eine graue Katze kam bis ans Hoftor. Auf dem Hof war etwas los. Dort wäre Marc gerne gewesen. Aber er traute sich nicht rüberzugehen. Nicht einmal richtig rüberzusehen. Stattdessen schubste er eine leere Zigarettenschachtel vor sich her.
„Dann müssen wir heute Nachmittag ja wohl etwas unternehmen“, sagte Mama beim Essen.
Dabei sah sie Papa an, als hätte sie gar keine Lust dazu. Papa zuckte mit den Schultern und nickte. Nach dem Essen machten Mama und Papa zuerst einmal einen Mittagsschlaf. Marc spielte mit dem Gameboy. Aber nicht lange. Er entschloss sich, durchs Dorf zu laufen.

Zuerst wollte er es Mama und Papa sagen. „Aber dann muss ich sie ja wecken“, dachte er und ließ es. An einem kleinen Platz stand eine Bank. Darauf setzte er sich. Einige Autos fuhren um den Platz herum. Zwei, drei Leute gingen darüber. Mehrere Kinder kamen mit Fahrrädern vorbei. Aber da sie ihn nicht kannten, blickten sie ihn nur kurz an und fuhren weiter. „Hier passiert nichts!“, dachte Marc enttäuscht und lief wieder zurück. Im Garten der Pension befand sich kein Mensch. Die meisten Gäste waren unterwegs.

Ein junges Kätzchen schoss in den Garten. Ihm folgte ein Hund. Er bellte wütend und fletschte die Zähne.

Marc-Oliver hatte das Gefühl, als schliche die Zeit dahin. Langsamer als eine Schnecke. In der Mitte des Gartens stand ein großer Apfelbaum.

„Da klettere ich rauf! Egal, was Herr Oberleitner sagt!“, dachte er.

Gerade als er das tun wollte, passierte doch etwas. Ein junges Kätzchen schoss in den Garten. Ihm folgte ein Hund. Er bellte wütend und fletschte die Zähne. Das Kätzchen übersah einen Stein, kugelte sich und landete im Gartenteich. Marc lief sofort los. Der Hund knurrte ihn an.

Marc ging vorsichtig an ihm vorbei. Dann kniete er sich hin und zog das Kätzchen aus dem Wasser. Er überlegte. Der Farbe nach konnte es der grauen Katze gehören, die er am Morgen gesehen hatte. Plötzlich stand hinter ihm das Mädchen von gegenüber. Sie sah den Hund, das nasse Kätzchen auf seinem Arm. Die Sache war ihr sofort klar.

„Danke für die Rettung!“, sagte sie. Dann schimpfte sie den Hund und jagte ihn weg.

„Ich heiße Clarissa Kirchner.“

„Ich Marc-Oliver Tommes.“

„Willst du auch mal die anderen Jungen sehen?“ Marc-Oliver nickte.

Clarissa ging mit ihm in die Scheune. In einer Ecke balgten sich noch drei weitere Kätzchen. Die Mutter lag zufrieden daneben.

„Davon hätte ich gerne eins“, rutschte es Marc-Oliver raus.

„Da haben meine Eltern bestimmt nichts dagegen. Sie sagen immer, wir haben genug von der Sorte.“

„Aber meine.“

„Ihr seid doch Urlauber – oder?“

Marc-Oliver nickte.

„Was machst du eigentlich den ganzen Tag in der Pension?“

Marc-Oliver zuckte mit den Schultern. „Ich spiele mit dem Gameboy oder laufe im Garten rum.“

„Du kannst mit Trecker fahren. Wir pflügen ein Feld um. Hast du Lust?“

Und ob Marc-Oliver Lust hatte. Er fuhr mit. Clarissas Papa war sehr nett. Zwischendurch ließ er sie absteigen. Sie

rannten durch die Gegend, brachen sich Stöcke ab und stauten einen schmalen Bach.
Marc-Olivers Eltern waren in der Zwischenzeit aufgestanden.
Sie hatten ihren Sohn im Haus und im Garten gesucht. Frau Oberleitner wusste, wo er war.
„Ich habe ihn rüber zu den Kirchners gehen sehen“, sagte sie. „Er ist mit aufs Feld gefahren.“ Marc-Olivers Eltern sahen sich verwundert an. Irgendwann kam der Trecker zurück.
Sie gingen rüber. Marc-Oliver war mit Clarissa zu den Kälbern gerannt. Der Kleidung nach zu urteilen, hatte er einen Teil des Feldes mit nach Hause genommen.
Aber er sah glücklich aus.
„Morgen darf ich mit zur Schafweide. Da sind ganz viele Osterlämmer geboren worden“, sagte er.
„Morgen? Da steht die Schlossbesichtigung an!“, wollten Papa und Mama einwenden. Aber sie sagten es nicht.
„Na ja, wenn du morgen wiederkommen darfst?!“, meinte Mama.
„Darf er!“, nickte Clarissa.
„Übrigens, eure Knospen habe ich gesehen, an jedem Strauch, ihr habt recht mit dem Frühling“, sagte Marc-Oliver. Papa und Mama lachten. Marc-Oliver hatte keine Zeit mehr für sie. Er half Clarissa Milch schleppen. Die Kälber hatten schließlich Durst. Nur eines war noch nicht klar: ob er seine Eltern dazu bekam, dass er das kleine graue Kätzchen mitnehmen durfte.
Aber der Urlaub war ja noch nicht zu Ende.

DIETRICH BONHOEFFER

Das Wunder der Auferstehung

Wo das Wunder der Auferstehung
und des neuen Lebens
mitten in die Todeswelt hineinleuchtet,
dort verlangt man vom Leben keine Ewigkeiten,
dort nimmt man vom Leben,
was es gibt, nicht alles oder nichts,
sondern Gutes und Böses.

REISETIPP

PALMSONNTAGSPROZESSION IN HEILIGENSTADT

Einmalig in Deutschland ist die im Jahr 2016 in das Immaterielle Kulturerbe der UNESCO aufgenommene Heiligenstädter Palmsonntagsprozession. Mitgeführt werden sechs überlebensgroße figürliche Darstellungen aus der Leidensgeschichte Jesu. Bis heute blieb die seit über 400 Jahren abgehaltene Prozession der Höhepunkt im kirchlichen Leben des Eichsfeldes. Männer aus Heiligenstadt und Westhausen tragen die schweren Figuren durch das Zentrum der Stadt. Tausende Katholiken ziehen mit, Tausende stehen an den Straßen und verfolgen das Geschehen. Die zum Teil mit jährlich neu angefertigten Gewändern bekleideten Figuren stellen Jesus in den einzelnen Stationen seines Leidensweges dar: Abendmahl, am Ölberg, Verspottung, Kreuzigung, Maria als Schmerzensmutter und Heiliges Grab. Auch in der DDR-Zeit fand die Prozession statt. Sie war und ist ein lebendiges Glaubenszeugnis der Katholiken des Eichsfeldes.

Mai

Mo	1	Maifeiertag	Josef der Arbeiter, Jeremia, Arnold v. Hiltensweiler, Richard Pampuri
Di	2		Athanasius von Alexandria, Sigismund von Burgund, Zoë, Boris
Mi	3		Apostel Philippus u. Jakobus d. J., Viola, Alexander I. (Sascha, Saskia)
Do	4		Florian von Lorch, Valeria, Guido von Pomposa, Cäcilia Schnur
Fr	5		Godehard v. Hildesheim, Jutta v. Sangerhausen, Irene v. Thessaloniki
Sa	6		Antonia v. Nikomedien, Gundula v. Mailand, Markward v. Wilten
So	7	5. So. der Osterzeit	Gisela von Ungarn, Helga von Niedernburg, Rosa Venerini
Mo	8		Desideratus von Burges (Désiré), Friedrich von Hirsau, Ulrika Nisch
Di	9		Beatus, Ottokar III., Volkmar von Niederaltaich, Maria Theresia
Mi	10		Damian de Veuster, Johannes v. Ávila, Antonius v. Florenz
Do	11		Mamertus von Vienne, Joachim Tabernitz, Lucina, Gangolf
Fr	12		Pankratius, Johanna von Portugal, Nereus und Achilleus
Sa	13		Servatius v. Tongern, Maria Domenica Mazzarello, Agnes v. Poitiers
So	14	6. So. d. Osterz., Muttertag	Bonifatius von Tarsus, Christian von Galatien, Corona (Stephana)
Mo	15		Sophia v. Rom, Rupert v. Bingen, Heinrich v. Ebrantshausen
Di	16		Johannes Nepomuk, Aloisius (Luigi) Orione, Brendan
Mi	17		Walter von Mondsee, Paschalis Baylon, Antonia Mesina
Do	18	Christi Himmelfahrt	Johannes I., Erik IX. (Erich), Felix v. Cantalice, Dietmar v. Neumünster
Fr	19		Kuno von Regensburg (Konrad), Ivo Hélory, Maria Bernarda Bütler
Sa	20		Bernhardin v. Siena, Elfriede v. Mercien, Valeria, Josepha
So	21	7. So. der Osterzeit	Hermann Josef von Steinfeld, Konstantin der Große, Christophorus
Mo	22		Rita von Cascia, Julia von Korsika, Renate von Bayern
Di	23		Desiderius von Langres, Wi(g)bert von Gorze, Bartholomäus Bauer
Mi	24		Maria – Hilfe der Christen, Johanna, Ester, Dagmar v. Dänemark
Do	25		Gregor VII., Maria Magdalena von Pazzi, Beda der Ehrwürdige
Fr	26		Philipp Neri, Alwin von Elmham, Maria Anna von Jesus
Sa	27		Augustinus v. Canterbury, Bruno v. Würzburg, Julius v. Durostorum
So	28	Pfingstsonntag	Wilhelm von Aquitanien, Germanus von Paris, Margareta Pole
Mo	29	Pfingstmontag	Paul VI., Ursula Ledóchowska, Irmtrud, Maximin von Trier
Di	30		Johanna von Orleans (Jeanne d'Arc), Ferdinand III., Reinhild
Mi	31		Petronilla von Rom (Petra), Mechthild von Dießen, Felix von Nicosia

GEMEINSCHAFT ERFAHREN

PATER. DR. REINHARD KÖRNER OCD

Kirche „geschieht“

– sie ist nicht zuerst eine „Institution“, sondern vor allem ein „Ereignis“. Ich formuliere das hier mal so, weil Walter Kasper, Theologe und Kardinal, es auch so ähnlich ausgedrückt hat. Der schreibt in einem Buch: „Die Kirche ist als Institution immer zugleich mehr als Institution; sie ist als Institution eschatologisches geistliches Ereignis.“ In Kleinbauernsprache übersetzt: Reg dich doch über „die Institution Kirche“ nicht auf – schau lieber hin, wo du echt was von Kirche erlebst, und da mach mit!

Kirche – zum Herrn gehörende Gemeinschaft – kann man immer dort erleben, „wo zwei oder drei in meinem Namen versammelt sind“, wie Jesus selber mal gesagt hat, denn „da bin ich mitten unter ihnen“, hat er gesagt. Und sollte er es nicht selber wortwörtlich so gesagt haben – denn nur Matthäus hat es überliefert (Kapitel 18,20), und das war drei/vier Generationen nach Jesus –, dann drückt sich darin zumindest die Überzeugung früher Christen aus.

Mit „in meinem Namen“ ist ja gemeint: wenn's um Jesus und seine Herzensanliegen geht. Klar, wenn's gar nicht um Jesus geht und um seine Anliegen, dann können die „zwei oder drei“ oder von mir aus auch zweihundert oder dreihundert sich zehn Mal versammeln – mit Kirche, also kyriaké, hat das dann nicht viel zu tun! Selbst wenn die dreihundert allesamt erzkatholisch oder streng lutherisch oder von mir aus „charismatisch“ wären.

Ich jedenfalls bin am liebsten mit Leuten Kirche, bei denen ich merke, dass es auch ihnen um Jesus geht und um seinen Gott. Und da gibt es wirklich so viele davon; wenn's auch nicht die allermeisten sind. Sogar unter denen, die einen Hut aufhaben, gibt's welche; mehr, als man denkt.

Klar, die Kirche, auch jede einzelne von den vielen Christengemeinschaften, ist eine Institu-

PATER DR. REINHARD KÖRNER OCD

Der erfolgreiche Autor und Exerzitienmeister Pater Dr. Reinhard Körner OCD, einer der wichtigsten deutschsprachigen geistlichen Autoren unserer Zeit, schreibt in seinem neuen Buch „Wie Jesus Kirche macht“ über die Kirche und davon, was damals eigentlich los war in Jerusalem zu Pfingsten, dem Geburtstag der Kirche. Und er macht klar, dass „Kirche“ kein Steingebäude oder ein Verwaltungskonstrukt ist. Kirche, das sind Menschen, Menschen mit Herz und Verstand, Menschen wie wir.

tion – so wie jede ecclesia, also wie jeder Verein. Es gibt doch keinen Verein, in dem nicht einer irgendwie Chef ist und einer den Kassierer macht – und schon ist es eine Institution mit Ämtern und Beamten und so. Wie sollte das bei der Kirche anders sein! Bei der Kirche als ecclesia, meine ich.

Aber eben deshalb ist es so wichtig, dass wir das machen, was die frühen Christen und die Kleinbauern von damals gemacht haben: uns und andere immer wieder mal daran erinnern, dass wir eine kyriaké ekklesía sind, nicht ein Kultur-Verein, nicht ein Traditionspflege-Verein, nicht ein Verein zur feierlichen Ausrichtung von Familienfesten ...; na und ein Verein von „besseren Menschen“ ist die Kirche, wie heute auch der Letzte einsehen muss, ja nun mal sowieso nicht.

Dass die Kirche Institution ist, das ist schon in Ordnung. Sie ist eben ein Verein mit allem, was dazugehört, und das ist ja gut so; ein bisschen Organisation und Struktur muss schon sein. Aber ohne dass sich in der Kirche immer mal Kirche ereignet, geht's gar nicht – das ist das Mindeste, was sein muss in einer kyriaké ekklesía!

BARBARA MANTERFELD-WORMIT

Gottes Geist

Am ersten Tag der Schöpfung war es ruhig. Kein menschliches Stimmengewirr, kein Hundegebell, kein Vogelgezwitscher, kein Handyklingeln, keine Sprachnachrichten. Am Anfang, ehe alle Stimmen waren, war Gottes Geist. Ruhe, Kraft und Macht über dem Chaos. Gottes Gegenwart in dieser Welt. Eine Zauberkraft vom ersten Tage an.
Christen feiern diesen göttlichen Geist zu Pfingsten. Gottes Heiliger Geist – eine Kraft, die Menschen stark macht ohne Gewalt. Ein Hauch, der Menschen Mut verleiht und wieder lachen lehrt. Ein Geist, der Menschen eint in all ihrer Verschiedenheit.
Gottes Geist ist weiblich – jedenfalls in seiner hebräischen Ursprungssprache: die Ruach Gottes: Klug ist sie und mutig, fröhlich und entschieden, stark und zart zugleich. Sie begleitet die Geschichte Gottes mit uns Menschen von Anfang an.
Gottes Geist ist ein Geist der Verständigung. Und ein Geist, der ungeahnte Kräfte verleiht. Man kann ihn nicht einfordern. Man kann ihn nicht besitzen. Er kommt und geht, wann er will und zu wem er will. Gottes Ruach – die himmlische Geistkraft – [macht] bereit zur Verständigung selbst im größten Chaos dieser Tage. Man kann diesen Geist nicht sehen, man muss ihn spüren und erleben. Er ergreift einen. Dann entfaltet er ungeahnte Kräfte.
Unsere Welt hat ihn nötig. Jeder von uns hat ihn nötig.

Wenn der Heilige Geist einer Seele eingegossen wird, verändert er auch den äußern Menschen vollständig.

Angela von Foligno

Tipp von Sr. Hedwig

BRENNNESSEL

Die Brennnessel ist auch eine jener Pflanzen, die jetzt im Frühjahr überall zu finden sind: an Wegrainen, im Garten, auf der Wiese. Frisch gezupfte Blätter, vorsichtig gesammelt, lassen sich vielfach verwenden. Die Brennnessel gilt auch als Heilpflanze und ist eine der bekanntesten Kräuter in unseren Breiten. Die Ursache für die brennenden Schmerzen und juckenden Quaddeln ist die Ameisensäure. Noch heute wird die „Urtikation" bei Rheuma und Arthritis angewandt.
Junge Blätter und Triebe besitzen noch keine Brennhaare, sodass sie als nährstoffreiches Gemüse oder Salat unbesorgt verzehrt werden können. Auch als Brennnesselsuppe allein ist die Pflanze sehr schmackhaft! Darüber hinaus schmeckt die Brennnessel als Tee ziemlich gut. Frische Blätter pflücken, kurz ziehen lassen. Sie haben eine entwässernde Wirkung.

SILVIA DROSTE-LOHMANN

Unter Blätterkränzen

In den Mai tanzen
unter gründuftenden
buntbebänderten
Blätterkränzen mit Träumen
vom Sommer inmitten der Nacht.
Lächelnd heimfahren,
bei offenem Fenster schlafen
und sich das Rauschen der Blätter
zurückträumen.
In der Sonne mit dem Rad
zum Fluss fahren,
dem Wind entgegen,
hin zu den Bäumen –

lächelnd sehen, dass sie
im Blatt stehen über Nacht –
weiches, neues, duftendes Grün –
welch pures Glück!

KALENDERBLATT

Winfried Kretschmann

Seit 2011 ist Winfried Kretschmann Ministerpräsident in Baden-Württemberg. Der Sohn katholischer Eltern aus dem Ermland in Ostpreußen und ehemalige Lehrer für Biologie, Chemie und Ethik ist Mitbegründer der Grünen Baden-Württemberg und war von 2011 bis 2012 Präsident des deutschen Bundesrates. Zu seinen früheren Ämtern gehörte das Amt des Oberministranten. Heute ist Kretschmann Mitglied im Diözesanrat der Erzdiözese Freiburg, im Kuratorium der Akademie der Diözese Rottenburg-Stuttgart und singt, wenn es seine Zeit erlaubt, im Kirchenchor seiner Heimatgemeinde Laiz. Bis 2021 war der Vater dreier Kinder zugewähltes Mitglied im Zentralkomitee der deutschen Katholiken. Am 17. Mai feiert Winfried Kretschmann seinen 75. Geburtstag.

Staatsgründung Israels vor 75 Jahren

Palästina war seit Ende des Ersten Weltkrieges britisches Mandatsgebiet des Völkerbundes. Als in den 1920er und 1930er Jahren mehr und mehr Juden in das Gebiet einwanderten, kam es zu Auseinandersetzungen zwischen jüdischen Siedlern und der arabischen Bevölkerung. Die UNO legte 1947 einen Plan zur Teilung des Landes vor, den die jüdischen Siedler befürworteten. Die Araber jedoch lehnten ab. Nach zahlreichen Verhandlungen und mehrfacher Überarbeitung wurde schließlich die israelische Unabhängigkeitserklärung vor 75 Jahren am 14. Mai 1948 durch David Ben-Gurion, den ersten Ministerpräsidenten des neuen Staates Israel, verlesen. Die USA und die damalige Sowjetunion waren die ersten Länder, die den neuen Staat anerkannten.

Kaiser Heinrich II.

Der Bayernherzog Heinrich erblickte vor 1050 Jahren am 6. Mai 973 in Hildesheim das Licht der Welt und trat 995 die Nachfolge seines Vaters an. Er wurde im Jahr 1003 zum deutschen König gewählt und 1014 zusammen mit seiner Frau Kunigunde von Papst Benedikt VIII. zum Kaiser gekrönt. Heinrich festigte die Reichskirche, unterstützte die Klosterreform, stellte das aufgehobene Bistum Merseburg wieder her und gründete 1007 das Missionsbistum Bamberg. Seine zielstrebige und kluge Politik schenkten dem Reich Sicherheit und Frieden. Kaiserin Kunigunde nahm Anteil an den Regierungsgeschäften und vertrat ihren Mann, wenn er auf Reisen war. Das Ehepaar führte ein vorbildliches christliches Leben. Nach Heinrichs Tod im Jahr 1024 trat Kunigunde in das von ihr gestiftete Benediktinerinnenkloster Kaufungen ein, in dem sie 1033 starb. Heinrich II. wurde im Jahr 1146 heiliggesprochen, Kunigunde im Jahr 1200. Ihr Grab befindet sich im Bamberger Dom.

AUS DER KÜCHE VON

Anni Kellner

Pfarrhaushälterin in Ruhe aus der Pfarre Salzburg-Maxglan

Gelee aus Hollerblüten

für 4 Personen

ZUTATEN

- 15 bis 20 Hollerblütendolden
- 2 Zitronen in Scheiben
- 2 TL Zitronensäure
- 1 l Orangensaft
- 1/2 kg Gelierzucker 2:1

ZUBEREITUNG

Die Hollerblütendolden mit den Zitronenscheiben und der Zitronensäure in eine große Schüssel geben und mit Orangensaft übergießen. Über Nacht zugedeckt stehen lassen. Danach abseihen, mit dem Gelierzucker gut verrühren, aufkochen und etwa 3–4 Minuten leicht köcheln lassen. Wenn nötig, eine Packung Einsiedehilfe oder noch etwas Zucker dazugeben, gut verrühren und abermals aufkochen lassen. Noch heiß in die vorbereiteten Gläser abfüllen, gut verschließen und auf den Kopf stellen. Nach dem Auskühlen wieder umdrehen und beschriften.

Küchentipps

Holunderblütensirup

Neben Gelee kann man aus Holunderblüten auch Sirup herstellen. 10 Dolden Holunderblüten mit 1 l Wasser 24 Stunden ansetzen. Abseihen und 1 kg Zucker und 20 g Weinsteinsäure (oder Zitronensäure) dazugeben, umrühren bis der Zucker aufgelöst ist. Dann in Flaschen füllen.

Hollerküchle

Auch für Hollerküchle finden Holunderblüten Verwendung. Die frischen Dolden werden in knusprigem Bierteig ausgebacken und mit etwas Puderzucker bestreut.

SELMA LAGERLÖFF

Bei den Kirchen

Sonntag, 1. Mai

Als der Junge am nächsten Morgen erwachte und sich auf das Eis hinabgleiten ließ, konnte er sich eines Lachens nicht erwehren. In der Nacht war eine Menge Schnee gefallen, und es schneite noch immer weiter. Die ganze Luft war voll weißer Flocken, die so groß waren, dass man, ehe sie fielen, gut hätte glauben können, es seien die Flügel erfrorener Schmetterlinge. Auf dem See lag der Schnee mehr als zollhoch, die Ufer waren weiß, und die Wildgänse waren so beschneit, dass sie aussahen wie kleine Schneewehen.

Jetzt hatte das Schneewetter aufgehört, aber es wehte scharf aus Norden, und draußen auf dem See war es schneidend kalt.

Von Zeit zu Zeit bewegten sich Akka oder Yksi oder Kaksi ein wenig, aber wenn sie sahen, dass es noch immer schneite, steckten sie schnell den Kopf wieder unter die Flügel. Sie fanden wohl, dass sie in einem solchen Wetter nichts Besseres tun konnten als schlafen, und darin musste der Junge ihnen recht geben.

Einige Stunden später erwachte er von dem Läuten der Rättviker Kirchenglocken. Jetzt hatte das Schneewetter aufgehört, aber es wehte scharf aus Norden, und draußen auf dem See war es schneidend kalt. Er freute sich, als die Wildgänse endlich den Schnee abschüttelten und dem Lande zuflogen, um sich Fressen zu verschaffen.

An jenem Tage war Konfirmation in der Rättviker Kirche, und die Konfirmanden, die rechtzeitig gekommen waren, standen in kleinen Gruppen vor der Kirche und sprachen miteinander. Sie trugen alle die Tracht der Gegend, und ihre Kleider waren so neu und bunt, dass sie förmlich schimmerten. „Liebe Mutter Akka, fliege hier ein wenig langsamer", sagte der Junge, als die Wildgänse geflogen kamen, „damit ich die jungen Leute sehen kann!" Die Führergans fand scheinbar, dass das ein billiges Verlangen war, denn sie ließ sich so tief hinab, wie sie nur konnte, und flog dreimal um die Kirche herum. Es ist nicht leicht zu sagen, wie es sich in Wirklichkeit verhielt, aber als Niels Holgersen die Knaben und die Mädchen von da oben erblickte, meinte er, nie eine Schar prächtigerer junger Menschenkinder gesehen zu haben. „Ich glaube nicht, dass es feinere Prinzen und Prinzessinnen im Schloss des Königs gibt", sagte er zu sich selbst.

Es war ziemlich viel Schnee gefallen. In Rättvik bedeckte er alle Felder, und Akka war nicht imstande, auch nur eine Stelle zu entdecken, wo sie sich niederlassen konnte. Da besann sie sich nicht lange, sondern flog südwärts nach Leksand hinab.

In Leksand waren, wie gewöhnlich im Frühling, die meisten der jungen Leute fortgegangen, um Arbeit zu suchen. Es waren kaum andere daheim im Dorf als die Alten, und als die Wildgänse geflogen kamen, wanderte eine lange Reihe alter Frauen durch die stattliche Birkenallee, die zur Kirche hinaufführt. Sie kamen dahergegangen auf der weißen Erde zwischen den weißstämmigen Birken in schneeweißen Schaffelljacken, weißen Pelzkleidern, gelben oder schwarz und weiß gestreiften Schürzen und mit weißen Mützen, die das weiße Haar fest umschlossen.

„Sie sehen alle zusammen so aus, als wären sie auf einem Beet in des Königs eigenem Garten gewachsen“, dachte er.

„Liebe Mutter Akka“, sagte der Junge, „fliege hier ein wenig langsamer, damit ich mir die alten Leute ansehen kann!“ Die Führergans fand scheinbar, dass das ein billiges Verlangen war, denn sie ließ sich so tief hinab, wie sie es nur wagen konnte, und flog dreimal über der Birkenallee hin und her. Es ist nicht leicht zu sagen, wie es sich in Wirklichkeit verhielt, aber der Junge meinte, nie alte Frauen gesehen zu haben, die so klug und milde aussahen. „Diese alten Frauen sehen so aus, als wenn sie Könige zu Söhnen und Königinnen zu Töchtern hätten“, sagte der Junge zu sich selbst.

Aber in Leksand war es nicht besser als in Rättvik. Überall lag hoher Schnee, und Akka sah keinen anderen Ausweg, als die Reise südwärts bis nach Gagnef fortzusetzen.

In Gagnef hatte an jenem Tage vor dem Gottesdienst eine Beerdigung stattgefunden. Der Leichenzug war spät zur Kirche gekommen, und hinterher war das Begräbnis in die Länge gezogen. Als die Wildgänse geflogen kamen, waren noch nicht alle in die Kirche gegangen; verschiedene Frauen gingen noch auf dem Kirchhof herum und sahen nach ihren Gräbern. Sie hatten grüne Taillen an mit roten Ärmeln, und auf dem Kopf hatten sie bunte Tücher mit farbigen Fransen.

„Liebe Mutter Akka, fliege hier ein wenig langsamer“, sagte der Junge, und die Wildgans fand scheinbar, dass das ein billiges Verlangen war, denn sie ließ sich so tief nieder, wie sie es nur wagen konnte, und flog dreimal über den Kirchhof hin und her. Es ist schwer zu sagen, wie es sich in Wirklichkeit verhielt, aber als der Junge die Frauen von dort oben durch die Bäume des Kirchhofes sah, fand er, dass sie den schönsten Blumen glichen. „Sie sehen alle zusammen so aus, als wären sie auf einem Beet in des Königs eigenem Garten gewachsen“, dachte er.

Aber auch in Gagnef war nicht ein einziger Fleck, der frei von Schnee war, und die Wildgänse wussten keinen besseren Rat, als weiter gen Süden nach Floda zu fliegen.

In Floda saßen die Leute in der Kirche, als die Wildgänse geflogen kamen, aber es sollte an dem Tage eine Hochzeit stattfinden, sobald der Gottesdienst beendet war, und die Hochzeitsgesellschaft stand draußen auf dem Kirchenhügel aufge-

stellt. Die Braut trug eine Goldkrone über dem ausgekämmten Haar und war so mit Schmucksachen und Blumen und bunten Bändern behängt, dass einem die Augen förmlich wehtaten, wenn man sie ansah. Der Bräutigam ging in einem langen blauen Rock, in Kniehosen und roter Mütze umher. Die Bauernmädchen hatten Kleider an, die an der Taille wie auch rings um den Rock mit Rosen und Tulpen bestickt waren. Die Eltern und Nachbarn folgten im Zuge in ihren bunten Trachten. „Liebe Mutter Akka, fliege hier ein wenig langsamer", bat der Junge, und die Führergans ließ sich so tief hinab, wie sie es nur wagen konnte, und flog dreimal über dem Kirchenhügel hin und her. Es ist schwer zu sagen, wie es sich in Wirklichkeit verhielt, aber so wie der Junge sie von hier oben sah, meinte er, eine so liebliche Braut und einen so stolzen Bräutigam und ein so prächtiges Brautgefolge könne es nirgends anders geben. „Ich möchte wohl wissen, ob der König und die Königin in ihrem hohen Schloss feiner sind", dachte er bei sich selbst.

Aber hier in Floda fanden die Wildgänse endlich schneefreie Felder, sodass sie nicht weiterzufliegen brauchten, um Futter zu suchen.

PAPST FRANZISKUS

Heiliger Geist

Dieser Wind bringt uns Kraft,
und er bringt uns Freiheit.
Er lässt sich nicht kontrollieren,
bremsen, messen, auch seine Richtung
lässt sich nicht vorhersehen.
Er lässt sich nicht
für unsere Pläne einspannen,
in unsere Schemata und Vorurteile.
Der Geist geht von Gottvater
und seinem Sohn Jesus Christus aus
und bricht über die Kirche,
über jeden von uns herein;
er gibt unserem Verstand und Herzen Leben!

REISETIPP

ST. GEORGSRITT IN KALLMUTH

Seit 70 Jahren zieht es am 1. Mai Pilger zum St. Georgsritt in die Nordeifel. Pfarrer Eugen Kranz belebte in Kallmuth in der Nachkriegszeit die Verehrung des hl. Georg. Wahrscheinlich sah er im Georgsritt auch eine attraktive Gegenveranstaltung zu den Maikundgebungen der Gewerkschaften. Erstmals versammelte sich die Gemeinde 1953 zum Georgsritt. Mehr als 1000 Fußpilger hatten die 60 Reiter begleitet.
Die Idee erwies sich als lebensfähig. Heute treffen sich bis zu 200 Pferde und mehrere Tausend Pilger, die Prozession stellt sich auf und der Georgsritt beginnt. Auf einer Wiese zwischen Vollem und Kallmuth folgt der Festgottesdienst mit Segnung von Reitern und Pferden. Dann kehrt die Prozession in das festlich geschmückte Kallmuth zurück, Reiter und Pferde erhalten den sakramentalen Segen. Bei einem Volksfest klingt der St. Georgsritt am Nachmittag aus.

Juni

Do	1		Justin der Märtyrer, Simeon, Lucia, Luitgard v. Bassum, Kuno I.
Fr	2		Marcellinus u. Petrus v. Rom, Eugen I., Armin, Blandina v. Lyon
Sa	3		Kevin von Wicklow, Karl Lwanga, Hildburg von Pontoise
So	4	Dreifaltigkeitssonntag	Werner von Ellerbach, Klothilde von Franken, Christa
Mo	5		Bonifatius/Winfried, Ferdinand v. Portugal, Gilbert v. Neuffontaines
Di	6		Norbert von Xanten, Claudius von Condat, Falco von Cava
Mi	7		Robert von Newminster, Deochar (Dietger)
Do	8	Fronleichnam	Engelbert von Schäftlarn, Ilga (Helga) von Schwarzenberg, Melania
Fr	9		Gratia, Ephräm der Syrer, Anna Maria Taigi, Vinzenz von Agen
Sa	10		Heinrich von Bozen, Olivia von Palermo, Diana von Andalò
So	11	10. So. im Jahreskreis	Apostel Barnabas, Aleydis von Schaerbeek (Adelheid, Alice), Paula
Mo	12		Leo III., Hildegard Burjan, Kaspar (Gaspare) Bertoni
Di	13		Antonius von Padua, Gerhard von Clairvaux, Bernhard von Aosta
Mi	14		Burchard v. Meißen, Gottschalk der Wende, Elischa, Meinrad Eugster
Do	15		Vitus (Veit), Klara Fietz, Lothar von Séez, Gebhard von Salzburg
Fr	16	Heiligstes Herz Jesu	Benno von Meißen, Luitgard von Tongern, Maria Theresia Scherer
Sa	17		Adam H. Albert Chmielowski, Fulko v. Reims (Falko), Rainer v. Pisa
So	18	11. So. im Jahreskreis	Gregor Barbarigo, Marcus der Diakon, Marcellianus (Marcel)
Mo	19		Elisabeth von Schönau, Maria Rosa Flesch, Juliana Falconieri
Di	20		Adalbert von Magdeburg, Margarete Ebner, Florentina
Mi	21	Sommeranfang	Aloisius Gonzaga, Alban von Mainz, Radulf von Bourges (Ralf)
Do	22		John Fisher, Thomas Morus, Paulinus v. Nola, Eberhard v. Salzburg
Fr	23		Peter Friedhofen, Josef Cafasso, Edeltraut von Ely
Sa	24	Johannistag	Dietger von Thüringen, Theodulf von Lobbes (Ulf)
So	25	12. So. im Jahreskreis	Wilhelm von Vercelli, Eleonore von England, Dorothea von Montau
Mo	26		Johannes u. Paulus von Rom, Josemaría Escrivá, Vigilius von Trient
Di	27		Cyrill v. Alexandrien, Hemma v. Gurk (Emma), Daniel v. Schönau
Mi	28		Irenäus von Lyon, Ekkehard von Huysburg, Paul I., Marcella von Rom
Do	29	Apostel Petrus u. Paulus	Judith von Niederaltaich, Gero von Köln, Beata
Fr	30		Otto v. Bamberg, Erentrud v. Salzburg (Erna), Bertram v. Le Mans

IN FÜLLE LEBEN

PETER DYCKHOFF

Abendmahl

Jeder Mensch hat – bewusst oder unbewusst – eine Sehnsucht nach religiöser Erfüllung. Wenn er sich auf den Weg begibt und sich öffnet, kommt ihm etwas Großes, Lichtes und Wesentliches entgegen. In der heiligen Kommunion, Herr, bist du es, der auf mich wartet. Durch deine Gnade, die mir zuteilwird, bewahrst du mich vor dem Bösen und stärkst das Gute in mir. Doch trotzdem bin ich oft nachlässig und zerstreut. Aber was geschähe erst einmal mit mir, wenn ich deiner Einladung nicht folgen würde? Ich verspreche dir, mich besser vorzubereiten und mich deiner so hohen Gnade würdiger zu erweisen. Für meine Seele, die sich zeitweilig weit von dir entfernt fühlt, bedeutet das Abendmahl ein Verweilen in ihrer Heimat, geistliche Stärkung und Hoffnung auf das ewige Leben.
Deine Liebe zu uns, Herr, ist so groß, dass du, der Schöpfer der Welt und die Quelle allen Lebens, in einer so kleinen Seele wie meiner mit der ganzen Fülle deiner Gottheit und Menschheit einkehrst. Wie darf sich doch die Menschenseele glücklich schätzen, die dich, ihren Herrn und Gott, würdig empfängt und überströmen darf von geistlicher Freude. Die Seele nimmt den Herrn des Himmels und der Erde auf, einen treuen Freund, bei dem sie sich zu Hause fühlt – beschützt, geborgen und geliebt.
Himmel und Erde, all ihre Pracht und Schönheit, halten den Atem an, wenn du, Herr, erscheinst. Denn alles, was sie schön und herrlich macht, stammt aus deiner Hand. Wenn auch das Geschaffene auf den Schöpfer verweist, so reicht die Schöpfung nicht im Geringsten an die Herrlichkeit dessen, der sie geschaffen hat.

EUCHARISTIE

Das ist die Eucharistie: eine Gemeinschaft der Liebe, die so real ist, dass sie die Form des Essens annimmt. Das christliche Leben geht jedes Mal neu von hier aus, von diesem Tisch, wo Gott uns an Liebe sättigt. „Leben für“ ist das Merkmal dessen, der dieses Brot ist, das „Markenzeichen“ des Christen.

Papst Franziskus

KLAUS JÄKEL

Täglich Brot

braucht der Mensch
zum Leben
Überleben und Weiterleben
Brot

Frucht der Erde
und der menschlichen Arbeit

Brot
braucht Menschen
die es teilen, einander mitteilen
und miteinander teilen
das Brot

doch nicht allein vom Brot der Körner
lebt der Mensch
auch vom Brot der Worte

Brot-Worte
braucht der Mensch
zum Leben,
zum Überleben und Weiterleben
Brot-Worte

Worte der Liebe
und Worte der Zärtlichkeit
Worte der Freude
und Worte der Begeisterung
Worte des Mutes
und Worte der Bestätigung
Worte des Lobes
und Worte der Anerkennung
Worte des Bittens
und Worte des Dankens
Worte der Vergebung
und Worte der Entschuldigung
Worte des Trostes
und Worte des Segnens
Brot-Worte

damit die Menschen das Leben haben
und es in Fülle haben
ist das Wort Brot geworden

täglich Brot

PATRICIA FRITSCH

Das Weihrauchfass – Symbol der Dreifaltigkeit

Um die göttliche Dreifaltigkeit zu erklären, gibt es viele Symbole: Die Iren nehmen das Kleeblatt oder die Triqueta, in vielen anderen westlichen Ländern ist das Dreieck, manchmal in Kombination mit Kreisen oder einem göttlichen Auge, verbreitet.

In einer katholischen Ostkirche wird ein anderes, für uns ungewohntes Bild für die Trinität verwendet: das Weihrauchfass. Es ist bei dem heutigen Hochfest ohnehin im Einsatz und so hat es jeder ganz anschaulich vor Augen. Das rundliche Gefäß steht für die Erdkugel. Die drei äußeren Ketten versinnbildlichen Vater, Sohn und Heiligen Geist. Sie verbinden das Räuchergefäß mit der oberen Halterung, quasi dem Himmel.

Weil Jesus als Mensch auf die Erde herabgestiegen und nach seinem Tod wieder in den Himmel aufgefahren ist, steht für ihn außerdem die vierte, innere Kette, mit der man den Deckel des Gefäßes hochziehen und absenken kann. In der westsyrischen Tradition der indischen Malankaren werden die Ketten des Weihrauchfasses nacheinander gesegnet. Dabei wird den drei göttlichen Personen gedankt, denn ihre Treue und Liebe sind so unzerbrechlich wie die Ketten. Sie geben uns Halt und sorgen für eine stabile Verankerung. Was für ein schönes und treffendes Bild!

Die ganze Dreifaltigkeit ruht in uns, dieses ganze Geheimnis, das wir im Himmel schauen werden.

Elisabeth von der Dreifaltigkeit

Tipp von Sr. Hedwig

GOLDMELISSE

Eine mehrjährige, bis 150 Zentimeter hohe Pflanze ist die Goldmelisse. Die Blätter sind gegenständig angeordnet, breit, gezähnt und riechen aromatisch. Die Blüten haben eine intensiv scharlachrote Farbe. Die Goldmelisse sollte vegetativ vermehrt werden. Zum Vermehren Ausläufer des kräftigen Wurzelstockes teilen.
Bekannt ist die Goldmelisse auch als Indianernessel. Diese Sorte hat ein süßes Bergamottaroma, wie Earl-Grey-Tee. Man kann mit einer Handvoll von ihnen einen Kräuter-Earl-Grey machen. Mit den Blütenfähnchen kann ähnlich wie mit Holunderblüten ein hervorragendes Erfrischungsgetränk zubereitet werden. Auch als Dekoration in Salaten und anderen Gerichten kann die Goldmelisse verwendet werden, beispielsweise im Gemüse, zu Nudelgerichten, zu Fisch, zu Schweinefleisch und selbst zu Hühnerfleisch.

GERD KARPE

Der Juni

Der Juni trägt ein Sommerkleid
aus himmelblauer Seide.
Er streift mit stiller Heiterkeit
durch Wiesen, Wald und Heide.

Er lockt die Menschen aus dem
Haus,
hüllt sie in Duft von Rosen.
Dem Spargel geht die Puste aus
auf seinem Weg in Dosen.

Doch mancher, der dem Juni grollt,
verbirgt sich voller Scheu.
Der Schnupfen rinnt, die Träne rollt.
Sein Vorname ist Heu.

KALENDERBLATT

Ludwig Güttler

Der aus Dresden stammende Trompeter und Dirigent Ludwig Güttler ist weltbekannt. Geboren wurde er vor 80 Jahren am 13. Juni 1943 im Erzgebirge. Güttler studierte an der Hochschule für Musik in Leipzig. Ab 1965 wirkte er bei den Händel-Festspielen in Halle als Trompeter, später als Mitglied in der Dresdner Philharmonie und als Dozent an der Dresdner Hochschule für Musik und in Weimar. Sein Leipziger Bachkollegium gründete der Dirigent im Jahr 1976. Für seine Wahlheimat Dresden setzt sich Güttler bis heute ein: Er unterstützte den Wiederaufbau der Dresdner Frauenkirche tatkräftig. Der Trompeter wurde u. a. mit dem Claus-Bendel-Preis und dem Bundesverdienstkreuz ausgezeichnet. Ludwig Güttler spürte längst vergessene Stücke der sächsischen Hofmusik des 18. Jahrhunderts auf. So sticht er auch durch seine Forschungen heraus.

Hildegard Burjan

Ein Leben geprägt von karitativer Arbeit: Hildegard Burjan unterstützte arbeitende Frauen, insbesondere Heimarbeiterinnen. Während des Ersten Weltkriegs unterstützte sie arbeitslose Mädchen und Frauen mit Nähstuben und Lebensmitteln. Gekrönt wurde dieses Engagement von Burjans Schwesternschaft „Caritas Socialis" im Oktober 1918. Die österreichische Politikerin kam am 30. Januar 1883 in Görlitz zur Welt. Burjan studierte Germanistik und Philosophie. Nach der Geburt ihrer Tochter begann sie mit der Gründung gemeinnütziger Vereine speziell für Frauen. Als Anhängerin der Christlich-sozialen Partei zog sie 1918 als erstes weibliches Mitglied in den Wiener Gemeinderat. Bis zu Burjans Tod vor 90 Jahren, am 11. Juni 1933, gestaltete sie die Bahnhofsmission, Einrichtungen für die Familienpflege und den „St.-Elisabeth-Tisch" mit.

Dorothy L. Sayers

Neben P. D. James und Agatha Christie zählt sie zu den drei berühmten britischen „Ladies of Crime". Ihrem Hauptcharakter Lord Peter Wimsey verpasste Sayers das Leben, welches sie am liebsten selbst gelebt hätte: eigene Wohnung und Auto sowie allseits beliebt. Vor 130 Jahren, am 13. Juni 1893, wurde Dorothy Leigh Sayers als Tochter eines Pfarrers in Oxford geboren. Schon während der Kindheit begeisterte sie sich für das Schreiben, Theaterspielen und Lesen. Sayers arbeitete als Werbetexterin, nebenher verfolgte sie ihre Leidenschaft und veröffentlichte 1923 ihren Debüt-Kriminalroman „Who's body?". Als Vorsitzende des Londoner „Detection Club" produzierte sie bereits 1936 ihr erstes Theaterstück. Sayers Glaube spielte fortwährend eine Rolle in ihrem Leben: So erarbeitete sie gemeinsam mit der BBC biblische Hörspiele oder schrieb christliche Dramen für die Kathedrale in Canterbury. Am 17. Dezember 1957 starb die britische Autorin.

AUS DER KÜCHE VON

Elisabeth Jirikowski
Bischofsköchin des Salzburger Erzbischofs

Radieschen-Suppe

für 4 Personen

ZUTATEN

250 g Radieschen	**Nockerl**
1 EL Butter	50 g Quark
Weißwein	1 EL Meerrettich
Gemüsesuppe	1 Dotter
125 ml Schlagsahne	30 g feiner Weizengries

ZUBEREITUNG

Radieschen waschen und grob raspeln. Die Hälfte in Butter anschwitzen, Wein und Suppe zugießen und aufkochen. Schlagsahne zugießen und 5 min köcheln lassen. Übrige Radieschen bis auf 2 EL in die Suppe rühren. Suppe pürieren, salzen und pfeffern. Mit Nockerl anrichten und mit Radieschen bestreuen.
Nockerl: Quark, Meerrettich und Dotter glatt rühren. Gries untermischen. Salzen, pfeffern und zugedeckt kühl stellen. Salzwasser aufkochen. Mit einem kleinen Löffel Nockerl ausstechen, ins Wasser legen und unter dem Siedepunkt 5 min ziehen lassen.

Küchentipps

Radieschen wieder knackig

Lässt man frisch geerntete oder gekaufte Radieschen mit dem Kraut ein bis zwei Tage liegen, werden sie schrumpelig. Schneidet man die Blätter ab (die Wurzeln bleiben dran) und legt die Radieschen in eine Schale Wasser, dann saugen sie sich mit Wasser voll und werden wieder knackig. Schneidet man das Kraut gleich ab, dann bleiben die Radieschen frisch und es gibt auch keine verfaulten Blätter.

Radieschenblätter

Junge und frische Blätter der kleinen roten Knollen können roh auch für Salate verwendet werden. Die Blätter kann man aber auch ähnlich wie Spinat kochen oder in Suppen mit verarbeiten.

TOMÁŠ HALÍK

Die Heilung der blutflüssigen Frau

Die blutflüssige Frau hat Jesu Macht gespürt, sie hat erlebt, dass hier jemand ist, der spricht und handelt als „einer, der eine Vollmacht hat, aber nicht wie die Schriftgelehrten". Sicher hat sie auch erkannt, dass es eine Macht anderer Ordnung ist als jene der Mächtigen dieser Welt, der Magnaten, die ihre Macht mit Gewalt und Unterdrückung durchsetzen. Die vom Blutfluss geheilte Frau wie auch viele andere, denen Jesus später noch begegnet, bringen es nicht zustande – und haben auch nicht das Bedürfnis –, ihre Erfahrung mit Jesus durch bekennerhafte Proklamationen zum Ausdruck zu bringen, wie Petrus dies bei Cäsarea Philippi getan hat, und schon gar nicht mit theologischen und dogmatischen Begriffen der Kirche späterer Jahrhunderte.
Als diese Menschen, von deren Begegnung mit Jesus wir aus den Evangelien erfahren, Gottes Macht, Pracht und Fülle aufblitzen sehen und spüren, drücken sie ihre Erfahrung eher mit Gesten aus, indem sie sich z. B. zu Boden werfen, niederknien und verbeugen oder dies mit freudigen emotionalen Ausrufen wie „Rabbuni!", „Mein Herr und mein Gott!", nicht aber mit fein geschliffenen theologischen Begriffen und Theorien tun. Schon durch das heimliche Berühren Jesu legt die blutflüssige Frau Bekenntnis ab, missachtete sie kultische Reinheitsvorschriften.
Es steht nirgends geschrieben, die geheilte Frau hätte Jesus für den verheißenen Messias der Juden gehalten, und Begriffe wie „Gottes eingeborener Sohn" oder „Gottmensch" hätte sie wohl kaum verstanden. Mit ihrem Vertrauen zu diesem Mann erfährt sie trotzdem auf ihre Art – wer den Sohn sieht, sieht den Vater –, dass Jesu Worte und Werke, sein ganzes Menschsein „ein Fenster ist, durch das der Mensch Gott am Werk sieht".

DIE HEILUNG DER BLUTFLÜSSIGEN FRAU

Sie hatte von Jesus gehört. Nun drängte sie sich in der Menge von hinten heran und berührte sein Gewand. Denn sie sagte sich: Wenn ich auch nur sein Gewand berühre, werde ich geheilt. Und sofort versiegte die Quelle des Blutes und sie spürte in ihrem Leib, dass sie von ihrem Leiden geheilt war. Im selben Augenblick fühlte Jesus, dass eine Kraft von ihm ausströmte, und er wandte sich in dem Gedränge um und fragte: Wer hat mein Gewand berührt? [...] Da kam die Frau, zitternd vor Furcht, weil sie wusste, was mit ihr geschehen war; sie fiel vor ihm nieder und sagte ihm die ganze Wahrheit. Er aber sagte zu ihr: Meine Tochter, dein Glaube hat dich gerettet. Geh in Frieden! Du sollst von deinem Leiden geheilt sein.
Markus 5,27–34

Unsere theologischen Begriffe und Theorien, mit denen wir Jesu Geheimnis auszudrücken versuchen, schöpfen zwar aus der philosophischen Terminologie späterer Jahrhunderte, haben jedoch in gewissem Sinne ihre tiefen Wurzeln gerade in den Erzählungen des Evangeliums und in den uns durch diese Erzählungen vor Augen geführten Ereignissen. Die Lehre von Jesu Gottsein ist nicht erst in den Studierstuben der Theologen entstanden, sondern es geht ihr der freudige Ausruf des Apostels Thomas voraus, als er die Wundmale des Auferstandenen berührt: „Mein Herr und mein Gott!" Der Apostel Thomas wollte bestimmt kein metaphysisches Urteil über Jesu Natur fällen, er ließ einfach der Freude seines Herzens freien Lauf und griff spontan nach Ausdrücken aus seinem Wortschatz, die ihm in jenem Augenblick am besten geeignet schienen, um seiner großen Freude Ausdruck zu verleihen.
Vielleicht sollten wir einmal unsere religiöse Sprache erneuern, indem wir unsere oft schon recht abgenutzten Wörter und verstaubten grauen Definitionen in jene ursprüngliche Quelle des Glaubens eintauchen, in jene befreiende und das Leben verwandelnde Freude, die Menschen wie der Apostel Thomas oder die Apostelin der Apostel Maria Magdalena, der Zollpächter Zachäus oder die von Blutfluss geheilte Frau in ihrer Begegnung mit Jesus erfahren durften. Vielleicht würden wir dann die Zachäus-Menschen unserer Zeit mit mehr Erfolg dazu bewegen, aus ihren Verstecken herauszukommen und ihr Leben zu ändern, vielleicht würden wir die stille Sprache heimlicher Berührungen besser verstehen und es fertigbringen, einen Raum des Vertrauens zu schaffen, in dem die Menschen die ganze Wahrheit aussprechen und so von ihren Leiden befreit werden könnten.

Tomáš Halík, geboren 1948 in Prag, studierte im Untergrund Theologie und wurde 1978 heimlich in Erfurt zum Priester geweiht. Der Bestsellerautor war Mitarbeiter von Kardinal Tomášek und Václav Havel, lehrt Soziologie und ist Pfarrer der Akademischen Gemeinde Prag. Am 1. Juni feiert er seinen 75. Geburtstag.

MANFRED ORLICK

Glück muss man haben

Torsten stand schon eine Viertelstunde an dem Schaufenster und drückte sich die Nase platt. „Mensch, das ist ein Rennrad“, murmelte er immer wieder vor sich hin. Da stand es, mitten im Schaufenster, knallrot und blitzte in der Sonne. „Das ist eine Wucht“, sagte er halblaut und ging in das große Fahrradgeschäft hinein. Überall standen Fahrräder in den Gängen oder hingen an der Decke. Fahrräder in allen Größen und allen Farben. Man konnte sich gar nicht sattsehen daran. Doch Torsten interessierte nur das knallrote Rennrad im Schaufenster. Er blieb neben der Eingangstür stehen und verschlang das Rad förmlich mit seinen Augen.

Überall standen Fahrräder in den Gängen oder hingen an der Decke. Fahrräder in allen Größen und allen Farben.

Was würden seine Freunde sagen, wenn er mit solch einem tollen Rad durch die Straßen fahren würde. Er wäre der Größte, der absolute King. Das wusste Torsten genau. Damit würde er jedes Wettrennen gewinnen, selbst der große Martin hätte keine Chance.

„Das Rennrad gefällt dir, was“, sprach ihn der Verkäufer von der Seite an.

Torsten war richtig erschrocken, so hatte er geträumt. „Ja, ja, toll“, stammelte er.

„Du kannst es gewinnen“, sagte der Verkäufer und zeigte auf ein großes Plakat, das an der Wand hing.

„GROSSES GEWINNSPIEL“ stand mit großen Buchstaben auf dem Plakat.

„Du musst nur wissen oder raten, aus wie viel Teilen das Fahrrad besteht“, lächelte der Verkäufer verschmitzt.

„Aus wie viel Teilen?“, schaute Torsten ungläubig den Verkäufer an.

„Ja, der Rahmen, die Räder, die Speichen, die Kette, alle Schrauben, alles zählt mit. Da kommt schon einiges zusammen.“

„Au Backe“, stöhnte Torsten.

„Unter den richtigen Antworten wird der Gewinner ausgelost.“

„Da mache ich mit“, strahlte Torsten und wollte aus dem Geschäft.

„Halt, hier deine Teilnehmerkarte und am Mittwoch ist Schluss mit dem Gewinnspiel. Da muss deine Karte hier im Geschäft sein.“

„Danke, natürlich, ganz bestimmt“, sagte Torsten und stürzte nach Hause.

Am Abendbrottisch rutschte Torsten ganz unruhig auf seinem Stuhl hin und her.

„Junge, sitz doch still“, mahnte die Mutter.

„Oder gab es in der Schule eine schlechte Zensur“, forschte der Vater neugierig.

„Nein, ich muss wissen, aus wie viel Teilen ein Rennrad besteht“, platzte Torsten heraus.

„Ein Rennrad, aus wie viel Teilen? Was soll der Unsinn?“, meinte der Vater ärgerlich.

„Ja, ja, aus wie viel Teilen“, sprudelte Torsten los und zeigte dem Vater die Teilnehmerkarte.

Der besah sich die Karte und meinte: „Na ja, ein Rad hat zwei Räder, einen Lenker, einen Sattel und so weiter.“

„Nein, alle Teile, auch die kleinsten, alle Schrauben und Muttern, einfach alles.“

„Da sieht die Sache schon schwieriger aus. Jedes Rad ist anders und hat also andere Einzelteile.“

„Ich muss es aber von dem Rennrad im Geschäft wissen“, sagte Torsten beleidigt.

„So ein Unsinn“, sagte die Mutter, „das weiß doch das Geschäft selbst nicht. Ab ins Bett, es ist spät genug.“

Am nächsten Tag nach der Schule saß Torsten den ganzen Nachmittag im Keller.

Auf ein großes Blatt Papier schrieb er alle Teile seines Fahrrads auf.

Er zählte alle Speichen, vom Vorder- und Hinterrad, auch die Glieder der Fahrradkette. Sattel, Lenker, Bremsen, Schutzbleche, Lampe, Rücklicht, alles notierte er auf dem Zettel. Ja, er baute sogar die beiden Räder ab und zählte alle Einzelteile.

Dann rechnete er alles zusammen und prüfte noch einmal, damit er ja nichts vergessen hatte. Beinahe hätte er die Pedale übersehen.

„Junge, was hast du nur den ganzen Tag im Keller gemacht“, fragte die Mutter abends.

„So kannst du nicht in die Schule gehen“, sagte die Mutter besorgt und stellte ihm eine heiße Tasse Tee ans Bett.

„Ich habe die Teile von meinem Rad gezählt und alles abgebaut und genau notiert“, strahlte Torsten.

„Unsinn, jedes Rad ist anders“, sagte der Vater.

Dann besah er sich die lange Liste, die Torsten geschrieben hatte.

„Hier, dein Gepäckträger. Überleg mal, ein Rennrad hat doch keinen Gepäckträger.“

Torsten nahm dem Vater verärgert die Liste weg. „Vielleicht habe ich trotzdem Glück“, sagte er trotzig.

„Oder einen tüchtigen Schnupfen, den ganzen Nachmittag in dem kalten Keller“, schimpfte die Mutter.

Und wirklich, am nächsten Tag lag Torsten mit Husten und Fieber im Bett.

„So kannst du nicht in die Schule gehen“, sagte die Mutter besorgt und stellte ihm eine heiße Tasse Tee ans Bett. Torsten war ganz traurig und flüsterte: „Ich muss, es ist ganz wichtig.“

„Ja, ja, ich weiß, du hast nur das dumme Rennrad im Kopf.“

„Heute ist Mittwoch, der letzte Tag für das Gewinnspiel“, krächzte Torsten ganz heiser.

„Ich bringe deine Karte selbst in das Geschäft, du bleibst den ganzen Tag im Bett“, sagte die Mutter jetzt böse.

Als die Mutter mittags von der Arbeit nach Hause kam, wagte Torsten nicht,

sie nach der Karte zu fragen. Sonst gab es wieder Schimpfe.
Die Erkältung wurde bald besser und am Samstagmorgen saß Torsten schon wieder mit Mutti und Vati am Frühstückstisch. Da klingelte es und wenig später stand ein junger Mann im Wohnzimmer: „Ich bin vom Fahrradgeschäft Müller und will Ihnen eine frohe Nachricht überbringen."
„Hurra, das Rennrad, ich hab es gewusst", sprang Torsten von seinem Stuhl auf.
„Ja, Sie haben das Rennrad in unserem großen Gewinnspiel gewonnen", sagte der junge Mann ganz feierlich.
„Ich habe gewonnen", rief Torsten und machte einen Luftsprung.
„Halt, mein Junge", sagte der Vertreter, „auf der Teilnehmerkarte steht: Renate Schmidt", und kramte die Karte aus seiner Jackentasche hervor.
„Das bin ich", sagte die Mutter ganz stolz.
„Dann darf ich Ihnen, liebe Frau Schmidt, zu dem großen Hauptpreis ganz herzlich gratulieren. Nächsten Mittwoch wird Ihnen der Preis in unserem Fahrradgeschäft überreicht. Die Presse wird natürlich anwesend sein. Herzlichen Glückwunsch."
Als der junge Mann wieder verschwunden war, schauten sich Torsten und der Vater ganz verdutzt an.
„Ja, ich habe auch eine Karte ausgefüllt", unterbrach die Mutter die Stille.
„Aber Renate, du hast doch überhaupt keine Ahnung von Fahrrädern", sagte der Vater fassungslos.
„Ja, Glück muss man haben", lachte die Mutter.

REISETIPP

ST. NIKOLAUS IN MERAN

Schon die Römer hatten im heutigen Meran in Südtirol eine Militärstation. Im Mittelalter residierten in Meran die Grafen von Tirol. Als sie 1420 Innsbruck zur neuen Residenz erkoren, sank die Bedeutung Merans rapide. Ein neuer Aufstieg zu einem bedeutenden Kurort begann im 19. Jh., als man das besondere Klima Merans entdeckte.
Die Pfarrkirche St. Nikolaus geht auf eine erstmals im Jahr 1239 belegte Kapelle zurück. In den folgenden Jahrhunderten kam es immer wieder zu Erweiterungen, erst um 1500 war die Kirche fertiggestellt. Zu den besten Beispielen der Tiroler Hochgotik gehört der im Jahre 1367 geweihte Chor. Eine besonders qualitätvolle Steinskulptur des hl. Nikolaus schmückt die südliche Langhauswand. Die Fresken des 15. Jh., u. a. ein Christophorus-Bild an der Südwand, wurden 1896 ergänzt.

AUS IRLAND

Segen

Möge der Herr auf deinen Wegen
Zeichen des Neuanfangs setzen:
neue Wege eröffnen,
alte Wege
in neuem Licht
dir zeigen.
Er führe dich sanft
und öffne deine Augen.
Amen.

Juli

Sa	1		Dietrich v. Reims, Aaron, Eckart v. Scheda, Radegund v. Wellenburg
So	2	13. So. im Jahreskreis	Mariä Heimsuchung, Wiltrud von Hohenwart, Jakob
Mo	3		Apostel Thomas, Joseph Lenzel, Leo II., Anatol v. Laodicea
Di	4		Ulrich v. Augsburg, Elisabeth (Isabella) v. Portugal, Berta v. Blangy
Mi	5		Antonius Maria Zaccaria, Kyrilla v. Cyrene, Wilhelm v. Hirsau, Lätitia
Do	6		Maria Goretti (Marietta), Goar, Dominica, Maria Theresia Ledóchowska
Fr	7		Willibald von Eichstätt, Edelburg von Faremoutier, Wunibald
Sa	8		Kilian von Würzburg, Edgar der Friedfertige, Eugen III., Hadrian III.
So	9	14. So. im Jahreskreis	Augustin Zhao Rong, Johannes von Köln, Veronika Giuliani
Mo	10		Knud von Dänemark, Erik von Schweden (Erich), Olaf von Norwegen
Di	11		Benedikt von Nursia, Olga (Helga), Rachel (Rahel), Oliver Plunket
Mi	12		Felix und Nabor, Johannes Gualbertus, Sigisbert von Disentis
Do	13		Heinrich II. u. Kunigunde, Joël, Sara die Einsiedlerin, Silas (Horst)
Fr	14		Ulrich von Zell, Roland von Chézery, Kamillus von Lellis
Sa	15		Bonaventura, Egino (Egon), Wladimir der Große (Waldemar)
So	16	15. So. im Jahreskreis	U. L. Frau v. Berge Karmel (Carmen), Elvira v. Oeren, Irmengard
Mo	17		Marina v. Bithynien, Jadwiga v. Polen (Hedwig), Charlotte Thouret
Di	18		Arnold v. Arnoldsweiler, Odilia v. Köln (Ottilie), Friedrich v. Utrecht
Mi	19		Bernulf von Utrecht (Bernold, Ulf), Makrina die Jüngere
Do	20		Margareta von Antiochien, Bernhard von Hildesheim, Elija (Elias)
Fr	21		Laurentius von Brindisi (Lars), Daniel, Jeremias, Victor von Marseille
Sa	22		Maria Magdalena, Verena von Schönau (Elvira), Eberhard von Berg
So	23	16. So. im Jahreskreis	Birgitta v. Schweden, Liborius v. Le Mans, Apollinaris v. Ravenna
Mo	24		Christophorus, Christina von Bolsena, Siglind von Troclar, Louise
Di	25		Apostel Jakobus der Ältere, Thomas von Kempen, Thea von Gaza
Mi	26		Joachim und Anna, Titus Brandsma, Gloriosa von Laodicea
Do	27		Berthold v. Garsten, Natalie, Aurelius u. Felix v. Cordoba
Fr	28		Benno v. Osnabrück, Samson v. Dol, Innozenz I., Beatus und Bantus
Sa	29		Marta, Maria, Lazarus, Flora u. Lucilla, Beatrix, Ladislaus
So	30	17. So. im Jahreskreis	Petrus Chrysologus, Ingeborg von Frankreich, Maria de Jesu
Mo	31		Ignatius v. Loyola, Germanus v. Auxerre, Hermann v. Niederaltaich

VON GOTT BERUFEN

SCHWESTER MARIA KATHARINA O.SS.S.

Die heilige Birgitta von Schweden – schon im Mittelalter eine wahre Europäerin

Wenn man von einer Frau des Mittelalters behaupten will, dass sie Europäerin gewesen sei, kommt man nicht an Birgitta Birgersdotter vorbei. Geboren wurde sie im Jahr 1303 in Finsta in Schweden, gestorben ist sie am 23. Juli 1373 in Rom. Doch ihr Wirken ist weder zeitlich auf das 14. Jahrhundert noch räumlich auf ihre Heimat Schweden begrenzt geblieben. Die heilige Birgitta von Schweden hat große Gegensätze in sich vereint: Beständigkeit und Pilgerreisen – die auch für politische Zwecke taugten – durch ganz Europa und sogar bis nach Jerusalem, ein Leben als Hofdame und als Bettlerin, als Ehefrau und Ordensgründerin, als Ratgeberin von Herrschern und als demütiges Beichtkind, als Mutter von acht Kindern, darunter ein Playboy und eine als Heilige verehrte Tochter oder als ungelernte Architektin einer Kirche in Vadstena. Sie verfügte über eine äußerst aktive, aber auch eine kontemplative Seite. Wenn heute beruflich wie privat Flexibilität gefordert wird, um das Leben bis ins hohe Alter erfolgreich zu bestehen, lohnt sich ein Blick auf das abwechslungsreiche Leben der temperamentvollen schwedischen Adligen.
Ihr Thema ist die Versöhnung: der Menschen mit Gott und der Menschen untereinander, etwa im Hundertjährigen Krieg zwischen England und Frankreich, in dem sie vermitteln will. Sie scheut sich nicht, jedermann ihre Meinung zu sagen, auch Königen und Päpsten, wenn sie den Eindruck hat, dass Gott deren Umkehr will. Sie leidet unter der drohenden Spaltung der katholischen Kirche zwischen Avignon und Rom, kann sie jedoch nicht aufhalten. Als Hofmeisterin

DIE HEILIGE BIRGITTA VON SCHWEDEN

Mobilität und Diplomatie – das waren ihre Themen: Die heilige Birgitta von Schweden pilgerte bereits im Mittelalter quer durch Europa, sie beriet Könige und Adelige, versandte zahlreiche diplomatische Depeschen und bemühte sich um Versöhnung und Verständigung – und wurde so eine Patronin Europas. Birgitta gründete den Birgittinenorden und ist dargestellt mit der zur Tracht des Ordens gehörenden Bügelkrone, die an die Wunden Christi erinnern soll, einem Pilgerstab als Symbol für ihre Pilgerreisen und einem Schriftstück in der Hand, das für ihre rege diplomatische Korrespondenz steht. Birgitta von Schweden starb vor 650 Jahren am 23. Juli 1373.

sieht sie, wie Landbewohner sich höfische Sitten aneignen müssen, wenn sie vor den König treten, und erkennt, dass die Menschen Hilfe brauchen, sowohl im Umgang miteinander als auch mit Gott. Darin sieht sie eine Aufgabe des später von ihr hauptsächlich für Frauen – erstmals in der Geschichte! – gegründeten Ordens, der sich noch im Mittelalter in Europa bis in die Ukraine ausbreitet. Männer und Frauen sollen nicht konkurrieren, sondern sich ergänzen, das ist ihr Wunsch.

Birgitta hat schon als Kind Marien- und Christusvisionen, sie empfängt Zeit ihres Lebens zahlreiche Offenbarungen, die für heutige Ohren teils schwer verdaulich erscheinen, teils aber auch wunderbar zeitlos sind in ihrer einfachen und klaren Botschaft. Ihr Auftrag gilt weiter: Suchende über alle Grenzen hinweg mit Gott vertraut machen, ihnen die Frohe Botschaft vermitteln. Grundlage ist die Freude, die Christen erfüllt, wenn sie die Erlösung der Menschen durch den Kreuzestod Christi entdecken. Als Hilfe dienen eine starke Ausrichtung auf Maria und das Motto, das Birgitta zugeschrieben wird und über der neuen Klosterkirche in Vadstena steht: Herr, zeige mir den Weg und mache mich willig, ihn zu gehen.

MANFRED BECKER-HUBERTI

Von Jesu Oma und Opa – Joachim und Anna

Am 26. Juli gedenkt die Kirche der heiligen Anna (hebr. Erbarmung, Gnade) und ihres Ehemannes Joachim (hebr. Gott richtet auf). Sie gelten als die Eltern von Maria, der Mutter Jesu.

Das Neue Testament erwähnt sie mit keinem Wort. Sie kommen erst in das Bewusstsein der Kirche, als die Rolle der Maria als Gottesgebärerin auf dem Konzil von Ephesus im Jahr 431 definiert wurde. Weil Maria damit zur Voraussetzung der Erlösung durch Jesus Christus wurde, war ihr Leben interessant. Das Protoevangelium des Jakobus (2. Hälfte des 2. Jh.) berichtet über sie und ihr Leben. Marienlegenden des 5. und 6. Jh. verbreiten das Wissen um Jesu Oma und Opa mütterlicherseits.

Das Spätmittelalter und besonders die Orden der Karmeliten und Kapuziner fördern ihre Verehrung. Sie werden in Kunstwerken dargestellt, die Szenen des Marienlebens, die heilige Sippe oder Annaselbdritt (Anna, Maria und das Jesuskind) zeigen.

Das Haupt der hl. Anna wurde im Mittelalter in der Stephanskirche in Mainz aufbewahrt und kam 1501 nach Düren. Nach jahrelangem Rechtsstreit entschied Papst Julian II. 1506, dass das Reliquiar in Düren bleibe. Am Gedenktag der heiligen Anna fand jedes Jahr eine Wallfahrt mit vielen Pilgern statt. Zur Anna-Oktav in der Kirche gehört die Annakirmes. Annawasser half gegen Fieber, Kopf-, Brust- und Bauchweh. Da dies z. T. auch Symptome der Pest waren, wurde Sankt Anna auch zur Pestheiligen. Ansonsten gilt Anna als Patronin für glückliche Heirat und Ehe. Sie wird angerufen um Kindersegen und glückliche Geburt.

Joachim wird als alter Mann dargestellt, mit Buch oder Schriftrolle und Tauben. Joachim ist Patron der Eheleute, Schreiner, Leinenhändler.

ASTRID MEYER

Forschend ist mein Blick,

er bewundert manche Pflanze
in ihrer Pracht,
ihre Blätter, Knospen, Blüten.

Eine rosafarbene Knospe wiegt sich
im geschwungenen Bogen
wie ein Takt nach einer Melodie.

Es ist eine Lilie,
sie deutet an
den Weg in mein altes Herz.

Welch ein Glück!

Tipp von Sr. Hedwig

KERBEL

Ein Kraut, das eigentlich in keinem Kräuterbeet fehlen sollte, ist der Kerbel. Es ist zart und sollte möglichst frisch verwendet werden, damit es seine Würze und sein kräftiges Grün auf den Teller bringen kann. Kerbel ist ein einjähriges, wohlriechendes Gewürzkraut und geradezu ideal geeignet, um Suppen, Soßen, Fisch und Fleischgerichte zu verfeinern. Salzigen Omeletts sowie Quark- und Joghurtmischungen und Rohkostsalaten gibt er eine pikante Note.
Auf den ersten Blick könnte man Kerbel fast mit der Petersilie verwechseln. Aber wer genauer hinschaut, erkennt den Unterschied: Kerbel hat zierliche, gefederte Blätter. Das leicht duftende Kerbelkraut kann bis 60 Zentimeter hoch werden. Geschmacklich erinnert Kerbel leicht an Anis und Fenchel. Und wer diese Gewürze mag, der mag auch Kerbel und Gerichte, die mit ihm zubereitet werden.

Hilaire Belloc

Zwischen 1896 und 1940 veröffentlichte der britische Autor 153 Werke, von Essays bis hin zu Gedichten. Joseph Pierre Hilaire Belloc kam am 27. Juli 1870 als Sohn eines französischen Juristen in der Nähe von Paris zur Welt und wuchs in Großbritannien auf. Dort wurde er als Rechtsanwalt ausgebildet und wirkte als Abgeordneter des Parlaments in der „Liberal Party“. Währenddessen begann Belloc seine Arbeit als Journalist. Der katholische Schriftsteller thematisierte regelmäßig Religion wie in „Die Kreuzfahrt der Nona“ oder „Die großen Häresien“. Letzteres untersucht die fünf Bedrohungen für den christlichen Glauben. Vor 70 Jahren, am 16. Juli 1953, verstarb Hilaire Belloc im britischen Guildford.

Ulrich von Augsburg

Ulrich kam im Jahr 890 in einer hochadeligen alemannischen Familie zur Welt. Seine Ausbildung erhielt er im Kloster St. Gallen, dann trat er in den Dienst des Augsburger Bischofs. Im Jahr 923 wurde er selbst zum Bischof von Augsburg ernannt und übte dieses Amt 50 Jahre lang aus. Ulrich lebte bescheiden, förderte den Wiederaufbau seines von den Ungarn heimgesuchten Bistums, kümmerte sich um die Seelsorger und die würdige Feier der Gottesdienste. Entscheidend war sein Wirken im Kampf gegen die Ungarn, die nach der Niederlage in der Schlacht auf dem Lechfeld von weiteren Kriegszügen abließen. Großzügig unterstützte Ulrich die Armen und Behinderten. Er starb vor 1050 Jahren am 4. Juli 973. Zwanzig Jahre später sprach ihn der Papst heilig – die erste offizielle Heiligsprechung durch den Bischof von Rom.

Otto von Bismarck

„Nicht durch Reden und Majoritätsbeschlüsse werden die großen Fragen der Zeit entschieden [...], sondern durch Eisen und Blut.“ Das ist wohl das berühmteste Zitat des ersten deutschen Reichskanzlers Otto von Bismarck. Geboren am 1. April 1815 auf Schloss Schönhausen bei Stendal, wuchs er in Pommern auf. Er studierte Rechtswissenschaften. 1845 begann Bismarck seine politische Laufbahn: zunächst als preußischer Gesandter und ab 1862 als Ministerpräsident von Preußen. Er stellte seine politische Durchsetzungsfähigkeit während des Deutsch-Dänischen Kriegs sowie im Deutschen Krieg unter Beweis. Von 1867 an Kanzler des Norddeutschen Bundes, ernannte der Kaiser ihn im Zuge des Versailler Vertrags zum Reichskanzler des neu gegründeten Deutschen Reiches. Vor 125 Jahren, am 30. Juli 1898, verstarb Otto von Bismarck auf Schloss Friedrichsruh in Schleswig-Holstein.

AUS DER KÜCHE DES

Europaklosters Gut Aich

Terrine aus Ziegenfrischkäse

für 5 Personen

ZUTATEN

Terrine:	*Chutney:*
100 g Ziegenfrischkäse ohne harten Rand	15 g brauner Zucker
50 g Sauerrahm	1 Schalotte
75 g Quark	30 ml Apfelessig, 2 g Ingwer
etwas Zitronensaft	1/4 Chilischote (fein geschnitten)
Salz	1 Sternanis
Messerspitze Cayennepfeffer	25 g Dörrmarillen (fein geschnitten)
1 Tropfen Trüffelöl	190 g Cranberry
2 Blatt Gelatine	60 ml Cranberrysaft
1 EL Schlagsahne	25 g Himbeeren (tiefgefroren)
	Salz, Pfeffer aus der Mühle

ZUBEREITUNG

Terrine: Gelatine in kaltem Wasser einweichen, Frischkäse, Sauerrahm und Quark glatt rühren und mit Zitronensaft, Salz, Cayennepfeffer und Trüffelöl würzen. Gelatine ausdrücken, in erwärmter Schlagsahne auflösen und unter die Käsemasse rühren. Form mit Frischhaltefolie auslegen, abfüllen, kaltstellen.
Chutney: Aufgetaute Himbeeren kurz aufkochen, durch ein Sieb passieren, den Zucker leicht karamellisieren, mit Cranberrysaft und Apfelessig ablöschen, mit den restlichen Zutaten 2 min köcheln lassen, das Himbeermark dazugeben.

Küchentipps

Pflanzliche Gelatine

Gelatine wird aus Schlachtabfällen hergestellt. Wer deshalb in der Küche einen Ersatz dafür sucht, findet einige pflanzliche Alternativen. So eignen sich zum Binden von Desserts oder Soßen beispielsweise Speisestärke aus Mais- oder Reismehl, Kartoffelmehl, Pektin oder das aus Algen hergestellte Agar Agar.

Agar Agar

Die Gelierfähigkeit von Agar Agar kann bei sauren oder sehr fettigen Speisen etwas schwächer sein. Sicherheitshalber kann man vorher eine Gelierprobe machen: Einen Teelöffel der gebundenen Flüssigkeit auf eine kalte Untertasse geben und etwas schwenken. Wird die Masse nicht fest, einfach noch etwas Agar Agar zugeben.

HEIKE WENDLER

Immer der Nase nach

Dass man sich auch nach dreißig Ehejahren noch trefflich über Lappalien in die Haare bekommen kann, davon können mein Mann und ich ein Lied singen. An einem herrlichen Sommersamstag unternahmen wir eine Spritztour. Als Pfarrer war Georg stark eingespannt und an den wenigen freien Tagen, die er sich gönnte, wollte ich ihn für mich haben. Er war von meiner Idee allerdings erst einmal nicht begeistert.

„Wollen wir nicht lieber zu Hause bleiben?“, fragte er. „Ich könnte den Rasen mähen und du kochst uns nachher etwas Schönes! Am liebsten wäre mir dein Kartoffelsalat!“

„Ich könnte den Rasen mähen und du kochst uns nachher etwas Schönes! Am liebsten wäre mir dein Kartoffelsalat!“

„Auf keinen Fall!“, lehnte ich kategorisch ab. „Dann klingelt das Telefon und schon ist es aus mit unserer Ruhe! So ein netter Tag im Harz ist dagegen genau das Richtige für uns! Und ehe du protestierst – ich habe Kartoffelsalat gemacht, Würstchen nehmen wir auch mit und dann können wir unterwegs ein nettes Picknick machen!“

Mehr überredet als überzeugt setzte er sich kurz darauf hinters Steuer. Ehrensache, dass ich darauf bestanden hatte, dass er sein Mobiltelefon zu Hause ließ.

„Es gibt keinen erdenklichen Notfall, der dein sofortiges Eingreifen nötig macht!“, erklärte ich ihm. „Dieser Tag gehört ganz uns beiden!“

Wir fuhren also los, erst über eine große Bundesstraße, später bogen wir auf kleine Landstraßen ab und irgendwann war rechts und links kaum mehr etwas anderes als Wald. An einem kleinen Rastplatz machten wir halt.

„Es ist noch viel zu früh für ein Mittagessen!“, moserte Georg, als ich den Picknickkorb auf den Tisch stellte. „Lass uns noch warten, ja?“

Fast schon automatisch griff er in die Hosentasche.

„Dein Telefon liegt zu Hause!“, erinnerte ich ihn. „Warum unterhalten wir uns nicht einfach? So wie normale Leute das am Wochenende tun?“

Ratlos sah Georg mich an.

„Dann lass uns einen Spaziergang machen“, schlug ich vor. „Wir vertreten uns die Beine, dann fahren wir weiter. Irgendwo hier in der Nähe sollte das Josephskreuz sein! Da waren wir doch früher immer!“

Früher, das war, als unsere Kinder noch klein waren, also irgendwann in den Achtzigern. Wir fuhren also nach der kurzen Pause weiter, immer hübsch durch den Wald.

„Müsste das nicht eigentlich auch ausgeschildert sein?“, fragte Georg nach einer ganzen Weile. „So groß ist der Harz ja schließlich auch nicht, als dass man hier stundenlang herumfahren könnte, ohne auch nur einer Menschenseele zu begegnen!“

„Ich schau mal in der Karte nach!“, versprach ich. Seinen leicht gereizten Unterton hatte ich durchaus vernommen. „Hast du den Proviantkorb in den Kofferraum gepackt?“, fragte ich.

Georg warf mir einen ärgerlichen Blick zu. „Natürlich nicht! Du hast ihn doch hinter deinen Sitz gestellt!“

„Ja, als wir zu Hause losgefahren sind!“, erklärte ich ihm. „Aber auf dem Rastplatz hatten wir ihn ja noch und nun steht hinter mir gar nichts mehr! Du hast ihn aber wieder mitgenommen, oder?“

„Ich?“, fragte Georg eingeschnappt. „Nein, wieso sollte ich? Ich habe gedacht, du hast ihn wieder in den Wagen gestellt, bevor wir losgelaufen sind!“

„Hab ich aber nicht!“, stellte ich fest und ahnte Böses. „Dann steht er wohl noch auf dem Rastplatz!“

„Kein Kartoffelsalat?“ Georgs Enttäuschung war offensichtlich. „Das darf ja wohl nicht wahr sein! Der einzige Lichtblick dieses Ausflugs bestand doch in der Aussicht auf deinen köstlichen Kartoffelsalat! Nun steht er irgendwo rum und wir haben nichts davon!“

Das war zwar ausgesprochen ärgerlich, aber viel schlimmer war, dass mit dem Kartoffelsalat auch unsere Straßenkarten auf dem Rastplatz liegen geblieben waren.

„Na, das wird ja immer besser!“, schimpfte mein sonst so geduldiger Pfarrer. Wenn es um seine Gemeinde ging, war er die Ruhe und Ausgeglichenheit in Person, doch die verlor er gerade. „Du immer mit deinen blöden Ideen!“, polterte er los. „Wären wir mal zu Hause geblieben! Dann wäre jetzt auch der Rasen gemäht! Und wir würden uns längst über deinen köstlichen Kartoffelsalat hermachen, statt hier sinnlos durch den Wald zu fahren und die Umwelt zu verschmutzen!“

„Kein Kartoffelsalat?“ Georgs Enttäuschung war offensichtlich. „Das darf ja wohl nicht wahr sein!

„Am Josephskreuz gibt es sicher ein Ausflugslokal!“, zischte ich. „Und dort auch ganz bestimmt Würstchen mit Kartoffelsalat! Jetzt fahr dort endlich hin!“

„Ich will aber nicht irgendwelchen anderen Kartoffelsalat, sondern deinen!“, brummte Georg unversöhnlich. „Und ohne Karte können wir noch eine Weile weiter durch den Wald fahren, ohne jemals ans Ziel zu kommen! Da ich ja auch mein Handy zu Hause lassen musste, können wir nicht mal den Routenplaner befragen!“

„Dann fragen wir eben jemanden nach dem Weg!“, warf ich, inzwischen ähnlich gereizt, ein. Meine Laune war dahin, Georgs ebenfalls, so hatte ich mir unseren Tag nicht vorgestellt.

„Hier ist aber niemand, den ich fragen kann!“, schimpfte Georg weiter. „Nichts außer Bäume! Man könnte glauben, wir hätten uns irgendwo in der Pampa ver-

fahren. Verflixt noch mal, hier gibt's aber auch kein einziges Hinweisschild. Und die Bäume hier sehen genauso aus wie die, an denen wir vor einer Stunde vorbeigefahren sind!" „Dort vorn ist ein Rastplatz, fahr dort mal ran. Vielleicht ist ja dort jemand, den wir fragen können!" Georg schüttelte ärgerlich den Kopf. „Da steht kein einziges Auto!", stellte er fest, bog jedoch trotzdem ab. „Aber vielleicht macht ja ein Fahrradausflügler halt!" Das klang nun schon ausgesprochen zynisch, Georg stand kurz vor der Explosion.

„Schau mal!", sagte er plötzlich und zeigte auf den Unterstand mit den Bänken und dem kleinen Holztisch. „Das sieht ja fast so aus wie unser Proviantkorb!"

Ungläubig stieg ich aus und besah mir das gute Stück. „Das ist unser Proviantkorb!", stellte ich überrascht fest. „Ist der Kartoffelsalat noch drin?", fragte Georg sofort. Dieser Mann hatte wirklich nur meinen Kartoffelsalat im Sinn, es war unglaublich.

„Ja!", beruhigte ich ihn. „Und Korb und Kühlbox sind unversehrt. Selbst die Würstchen sind noch heiß! Zufrieden?" Georg nahm sich einen Teller und sah mich lauernd an. „Ja, jetzt schon! Da hat sich die ganze Im-Kreis-Fahrerei ja wenigstens gelohnt!", stellte er amüsiert fest und biss herzhaft in ein Würstchen. „Also, dein Kartoffelsalat, Grete, der ist wirklich Weltklasse! Dafür gurke ich sogar den halben Tag durch den Harz, wenn es sein muss!"

Was für ein Kompliment! Ich konnte mir ein Schmunzeln nicht verkneifen. Mein Georg war wirklich eine Klasse für sich. Und dank der Straßenkarten fanden wir den Heimweg auch auf Anhieb. Dass unser Sohn sich inzwischen um den Rasen gekümmert hatte, diese Überraschung hob ich mir allerdings für später auf.

BIRGITTA VON SCHWEDEN

Was ist Gott?

Was ist Gott,
wenn nicht das Leben
und die Wonne,
die erquickende Güte,
die urteilende Gerechtigkeit
und die erlösende Barmherzigkeit?

REISETIPP

ST. ALTO UND ST. BIRGITTA IN ALTOMÜNSTER

Im 17. Jh. entstand die heutige Pfarr- und ehemalige Klosterkirche St. Alto und Birgitta in Altomünster im Landkreis Dachau unter Einbeziehung älterer Bauteile. Die Geschichte des Gotteshauses reicht jedoch bis ins 8. Jh. zurück. Am Ende des 15. Jh. wurde das Benediktinerinnenkloster von den Schwestern des Erlöserordens der hl. Birgitta von Schweden übernommen. Ungewöhnlich gestaltet wurde das Innere: Bedingt durch die Geländesituation befindet sich der Hochaltar im ersten Stock der Kirche. Auf dem Altarbild steht der Auferstandene vor der von einer Schlange umwundenen Weltkugel. Aber vom Kreuz geht ein Blitz aus, der in den Kopf der Schlange einschlagen und das Böse vernichten wird.
Den Hauptaltar begleiten zwei Seitenaltäre. Der linke zeigt die hl. Birgitta von Schweden in einer Weihnachtsvision und der rechte Seitenaltar Birgittas Tochter, die hl. Katharina von Schweden.

August

Di	1	CH: Bundesfeier	Alfons Maria von Liguori, Petrus Faber, Ulrich von Ursberg
Mi	2		Eusebius von Vercelli, Petrus Julianus Eymard, Stephan I.
Do	3		Lydia v. Philippi, Burchard v. Rot (Burkhard), Benno v. Einsiedeln
Fr	4		Johannes Maria Vianney, Rainer von Spalato, Justinus
Sa	5		Oswald v. Northumbrien, Dominika v. Florenz, Stanislaus Hosius
So	6	Verklärung des Herrn	Gilbert von Maria Laach, Hermann von Cappenberg
Mo	7		Kajetan v. Thiene (Kai), Edmund Bojanowski, Juliana v. Lüttich, Sixtus II.
Di	8		Dominikus, Cyriakus, Hildiger (Hilger)
Mi	9		Teresia Benedicta vom Kreuz (Edith Stein), Altmann von Passau
Do	10		Laurentius (Lorenz, Lars), Asteria von Bergamo (Astrid)
Fr	11		Klara von Assisi, Susanna von Rom, Nikolaus von Kues
Sa	12		Johanna Franziska v. Chantal, Radegunde v. Thüringen, Karl Leisner
So	13	19. So. im Jahreskreis	Gertrud v. Altenberg, Gerold v. Lübeck, Markus v. Aviano (Marco)
Mo	14		Maximilian Maria Kolbe, Eberhard v. Einsiedeln, Meinhard v. Uexküll
Di	15	Mariä Aufn. i. d. Himmel	Assunta, Mechthild von Magdeburg, Tarcisius, Bernhard Wensch
Mi	16		Stephan I. v. Ungarn, Rochus v. Montpellier, Altfrid (Alfred) v. Hildesheim
Do	17		Guda v. Arnstein (Jutta), Beatrix da Silva Meneses, Klara v. Montefalco
Fr	18		Helena, Claudia von Genf, Rainald von Ravenna
Sa	19		Johannes Eudes, Sebald von Nürnberg, Ludwig von Toulouse
So	20	20. So. im Jahreskreis	Bernhard von Clairvaux, Samuel, Ronald von Orkney, Oswin, Hugo
Mo	21		Pius X., Gratia von Alcira (Gracia), Balduin von Rieti
Di	22		Maria Königin (Regina), Siegfried von Wearmouth, Maurus
Mi	23		Rosa von Lima, Flavian von Autun, Richildis von Hohenwart
Do	24		Apostel Bartholomäus, Ansoalda (Isolde), Karl von Borango
Fr	25		Ludwig IX. v. Frankreich, Josef v. Calasanz, Elvira v. Périgord, Patricia
Sa	26		Gregor von Utrecht, Teresa von Jesus Jornet, Alexander von Bergamo
So	27	21. So. im Jahreskreis	Monika, Gebhard II. von Konstanz, Cäsarius von Arles
Mo	28		Augustinus v. Hippo, Elmar v. Lüttich, Adelind v. Buchau, Adeline
Di	29		Enthauptung Johannes' d. Täufers, Sabina v. Rom, Beatrix v. Aa
Mi	30		Heribert von Köln, Rebekka, Ingeborg, Amadeus von Lausanne
Do	31		Paulinus von Trier, Raimund Nonnatus, Josef von Arimathäa

ZUR RUHE KOMMEN

MECHTHILD WERNER

Urlaub – ab in die Kirche

Viele gehen am Ferienort als Erstes in die Kirche. Denn diese Räume sind nun mal besonders. Schon beim Eintreten ... „Da vorn unter den Schwebenden, da will ich hin", murmelt das schlaksige Mädchen neulich am Kirchenportal, zieht das bauchfreie Top etwas tiefer und setzt sich schnurstracks still unter den Engel im Altarraum. Kirchen sind Orte mit Anziehungskraft. Die Sagrada Familia in Barcelona, Notre Dame in Paris. Sie hat übrigens jährlich mehr Touristen angezogen als der Eiffelturm, und kurz nach dem Brand war der Wiederaufbau beschlossen. Großartig in Speyer auch der Kaiserdom oder „meine" Gedächtniskirche. Aber es müssen nicht mal besondere Kirchen sein. Im Gedächtnis bleibt auch der Raum, in dem ich Besonderes erlebt habe, wo ich konfirmiert wurde oder getraut. Oder wo ich an Heiligabend den Baum bewundere und Stille Nacht singe. Wo es mir warm wird, auch wenn der Atem gefriert.

Kirchen haben eine eigene Aura. Der hohe Raum lässt aufatmen, macht die Seele weit und umfängt mich zärtlich. „Es war so ruhig unter dem Engel da vorn in der Bank", sagt das Mädchen, zurück am Kirchenportal. Ja, Kirchen sind Anders-Orte. Das macht sie so faszinierend. Noch steht die Kirche meist im Dorf oder der Stadt. Einige werden aufgegeben. Oder auch umgenutzt. Für Stille, Meditation, Musik oder Theater. So soll es auch sein, das Gotteshaus: offen für Menschen.

Wir sehen uns.

TIPP: URLAUBSKIRCHE

Erkunden Sie im Urlaub eine Kirche. Nehmen Sie sich etwas Zeit, setzen Sie sich ruhig hin und lassen Sie den Raum auf sich wirken. Was spüren Sie? Können Sie hier Kraft tanken, zur Ruhe kommen, beten? Und falls Sie im Urlaub viel unterwegs sind: Machen Sie doch mal Rast in einer Autobahnkirche oder Radwegkirche!

Kirchen sind Orte spirituellen Reichtums. Ja, sie sind durchbetete Räume.

Margot Käßmann

HENRI J. M. NOUWEN

Die Kirchen

sind nicht nützlich, nicht praktisch,
verlangen nicht nach unmittelbarer
Aktion
und erfordern keine schnelle
Antwort.
Sie sind Räume ohne laute
Geräusche,
ungezügelte Bewegungen oder
ungeduldige Gesten.

Sie sind stille Räume,
die meiste Zeit seltsam leer.
Sie sprechen eine andere Sprache
als die Welt um sie herum.
Sie möchten kein Museum sein.
Sie möchten uns einladen,
still zu sein,
zu sitzen oder zu knien,
aufmerksam zu hören
und mit unserem ganzen Wesen
auszuruhen.

Eine Stadt ohne
sorgsam gehütete leere Räume,
in denen die Stille, aus der alle
Worte
erwachsen, zu spüren ist,
die Stille, die zu Taten ermuntert,
eine solche Stadt ist in Gefahr,
ihren wahren Mittelpunkt zu
verlieren.

PETER KOKSCHAL

Fest der hl. Monika – 27. August

Die hl. Monika (griech. „die Einsame“) wurde um 332 in Tagaste/Nordafrika geboren. Ihre Eltern waren Christen. Sie heiratete den Heiden Patricius. Von ihren drei Kindern war Augustinus das älteste. Für ihn, das hochbegabte Sorgenkind, betete und sorgte sie sich in erster Linie, da er zu einem lockeren Leben neigte, vom Glauben abfiel und sich der Sekte der Manichäer zuwandte. Nach dem Tod ihres Mannes folgte Monika Augustinus nach Rom und Mailand, wo dieser Professor für Rhetorik wurde. Hier ließ er sich zur großen Freude Monikas unter dem Einfluss des hl. Bischofs Ambrosius von Mailand taufen. Auf der Rückreise der beiden nach Afrika starb Monika in Ostia bei Rom im Jahre 387.

Augustinus berichtet: Monika, untröstlich über das Leben ihres Sohnes, träumte, ein glänzender Jüngling fragte sie über den Grund ihres Schmerzes. Sie erwiderte ihm, dass sie das ewige Verderben ihres Sohnes befürchte. Da sagte der Engel: „Sei getrost, er steht ja hinter dir.“ Monika erzählte Augustinus den Traum. Der deutete ihn: „Dann wirst du also auch den Manichäern beitreten.“ Aber Monika entgegnete: „Nein, der Engel sagte nicht, wo er, da auch du, sondern wo du, da auch er.“

Die hl. Monika wird dargestellt mit Buch, Kruzifix oder Rosenkranz. Sie ist Patronin der christlichen Frauen und Mütter, sie wird besonders von den Müttern um die Seelenrettung ihrer Kinder angefleht.

ELKE SCHUMACHER

Lebendiges Wasser

Das Wasser des Lebens
halte dich in Schwung!
Frisch sei das Wasser,
köstlich und kühl.
Sein Plätschern verrät dir,
dass du nichts festhalten kannst.
Geben und Nehmen
wechseln sich ab,
ebenso Fülle und Leere,
Kommen und Gehen.
Bleib in Bewegung,
lass dich bewegen,
und lasse die Vögel des Himmels
aus deinen vollen Schalen trinken!

Tipp von Sr. Hedwig

VOGELMIERE

Die Vogelmiere wird als Zeigerpflanze bezeichnet, da sie sich überall zuerst ansiedelt, wo noch nichts wächst, beispielsweise auf Schuttplätzen und Brachland. Ihre zarten weißen Blüten zeigt sie das ganze Jahr über. Ihren Namen hat sie, weil die Samen und Blätter gern von Vögeln, vor allem Hühnern, gefressen werden.
Für uns ist sie jedenfalls eine wertvolle Pflanze. Der hohe Gehalt an Vitaminen und Mineralien macht sie zu einer hilfreichen Unterstützerin bei jeder Entschlackungskur. Sie reinigt das Blut und die Haut von innen und gibt neue Kraft. Lange war die Vogelmiere in Vergessenheit geraten, bis sie Pfarrer Kneipp im 19. Jahrhundert wieder in Erinnerung brachte. Er empfiehlt die Heilpflanze bei Husten und Atemwegserkrankungen und zur Blutbildung. Auch bei Nieren- und Blasenleiden wird sie eingesetzt, ebenso hilft sie bei Hautleiden.

Robert Zollitsch

Robert Zollitsch, emeritierter Erzbischof von Freiburg und ehemaliger Vorsitzender der Deutschen Bischofskonferenz, wurde vor 85 Jahren am 9. August 1938 in Jugoslawien geboren. Seine Familie gehörte zu den Donauschwaben und wurde 1946 nach Deutschland vertrieben. Nach dem Abitur studierte Robert Zollitsch Theologie und empfing 1965 die Priesterweihe. Stationen seines Wirkens waren Mannheim, Buchen, das Priesterseminar und das Konvikt in Freiburg. Zollitsch wurde 2003 zum Erzbischof von Freiburg gewählt und von Papst Johannes Paul II. bestätigt.
Robert Zollitsch hört gern Mozart, Bach oder Haydn. Im Urlaub wandert er gern in den Bergen. Menschen aus seiner unmittelbaren Umgebung schätzen seinen tiefsinnigen Humor.

Jean Vallière

Der Augustinermönch ging als erster Märtyrer der evangelischen Kirche Frankreichs in die Geschichte ein. Geboren wurde Jean Vallière um 1483 in Falaise. Der Theologe Jacques Lefèvre d'Étaples brachte ihm die Lehren Martin Luthers näher. Im Jahr 1523 klagte die Inquisition Vallière als Gotteslästerer, genauer wegen „lutherischer Häresie", an. Vom Gericht verurteilt, wurde der Gelehrte am 8. August 1523 vor der Kathedrale Notre-Dame als Ketzer verbrannt. 500 Jahre sind seit Jean Vallières Todestag vergangen.

Franz Jägerstätter

„Wir brauchen keine Gewehre oder Pistolen für unseren Kampf, sondern geistliche Waffen – und die wichtigste davon ist das Gebet." Für den Landwirt Franz Jägerstätter waren Christentum und Nationalsozialismus unvereinbar. Franz Jägerstätter verweigerte jegliche Unterstützung seit der Machtübernahme Österreichs 1938. Geboren wurde er am 20. Mai 1907 als Sohn einer ledigen Bauernmagd. Seine Eltern durften aufgrund ihrer Berufe, Magd und Knecht, nicht heiraten. Jägerstätter erbte von seinem späteren Adoptivvater einen Bauernhof. Zuerst im Erzabbau tätig, kehrte der Landwirt 1930 in seine Heimat zurück. Dort lernte er seine Ehefrau Franziska Schwaninger kennen, mit welcher Jägerstätter drei Töchter bekam. Mehrmals setzte er sich der Einberufung ins Militär entgegen, was ihm letztlich 1943 Haft und Folter im Linzer Wehrmachtsgefängnis einbrachte. Anschließend verlegte man Jägerstätter nach Berlin-Tegel. Hier wurde er „zum Verlust der Wehrwürdigkeit und bürgerlichen Ehrenrechte" verurteilt. Vor 80 Jahren, am 9. August 1943, wurde Franz Jägerstätter hingerichtet.

AUS DER KÜCHE DES

Europaklosters Gut Aich

Rahmsuppe

für 4 Personen

ZUTATEN

ca. 1 l Wasser	3 Scheiben Brot
2 x 1/4 l Sauerrahm	Kümmel
1/4 l Schlagsahne	Salz
1/4 l Milch	Ingwer
1–2 EL Dinkelmehl	Hildegardkräuter und frischer
8 Kartoffeln	Schnittlauch

ZUBEREITUNG

Wasser mit ca. 1 TL Salz und 1 TL Kümmel aufkochen lassen: Sauerrahm, Schlagsahne, Milch und Mehl in einem Geschirr zu einem „Gemachtl" verrühren und in das kochende Wasser einrühren und kurz aufkochen lassen. (Achtung: Es kann überkochen.)
Im Ofen mit Schale gebratene Kartoffeln nach dem Braten etwas zerkleinern und zerkleinerte Brotschnitten in die Suppe geben. Zum Schluss je nach Geschmack mit Ingwer, Hildegardkräutern, frischem Schnittlauch oder Ysop verfeinern!

Küchentipps

Hildegardkräuter
Hildegardkräuter sind eine kräftige Mischung nach Hildegard von Bingen, die sich für herzhafte Salate und Suppen, aber auch Kräutersoßen und Aufläufe oder Gemüsepfannen eignet. Die Zutaten können etwas variieren, meist gehören Petersilie, Thymian, Knoblauch, Kerbel, Basilikum, Bohnenkraut, Liebstöckel, Majoran und weitere Gewürze dazu.

Schnittlauch
Schnittlauch sollte immer frisch verwendet werden. Deshalb gibt man ihn möglichst erst nach dem Kochen zu. Mit der Küchenschere oder einem Messer lässt sich Schnittlauch gut in Röllchen schneiden. Er schmeckt in Suppen, Salaten und Soßen. Auch Lachs kann man gut mit Schnittlauch kombinieren.

PIERRE STUTZ

Glücklich

Glücklich
wer der Härte des Lebens nicht ausweicht
um sogar im Kargen und Abgebrochenen
die ewigen Kunstwerke des Schöpfers zu erkennen

Glücklich
wer die Umbrüche in seinem Leben
als Durchgänge zu verstehen sucht
die Umformung zur Freiheit erfahren lassen

Glücklich
wer im Sprudeln des Wassers
jene beharrliche Geduld entdeckt
die meine Härte verwandeln kann

Glück

Das Glück besteht darin, dass man für andere lebt. Das Bedürfnis danach ist in den Menschen hineingelegt, also ist es berechtigt. Sucht man dieses Bedürfnis auf selbstsüchtige Weise zu befriedigen, strebt man nach Reichtum, Ruhm, Wohlleben, Liebe, dann kann es geschehen, dass es äußere Umstände unmöglich machen, diesem Streben genugzutun. Mithin sind eben diese Wünsche und Bestrebungen unberechtigt, nicht aber das Bedürfnis nach Glück. Welche Wünsche und Bedürfnisse können demnach zu jeder Zeit und ohne alle Rücksicht auf äußere Umstände befriedigt werden? Das Bedürfnis nach Liebe zu den anderen, nach Selbstverleugnung!

Leo Tolstoi

ISABELLA SCHNEIDER

Gebrauchsanweisung zum Glücklichsein

Inwendig
die Sonne aufgehen
lassen,
wie sie es immer tut
über allem,
was ist.
Im Herzwinkel hinten
an der Stille vorbei,
wo wer weiß was
wohnt,
die Sonne aufgehen
lassen,
jeden Morgen,
und dabei
ein kleines Stückchen
heiler werden.

ERZÄHLUNG

ARMIN KAUPP

Reich beschenkt

„Wissen Sie", sagte der Alte, als ihn ein Besucher nach der Liebe fragte, „in unserem Garten steht ein alter Apfelbaum. Schon im Jahr, als wir heirateten, stand er dort und schon damals war er in die Jahre gekommen. An dem Tag unserer Hochzeit aber, in jenem Mai, stand er in voller Blüte. Über und über war er voll mit leuchtend weißen Blüten, sodass man das alte Holz in den Ästen unter dem Blütenmeer nur noch vermuten konnte. Im Herbst dann brachen die Äste beinahe unter der süßen Apfellast.

Im Frühjahr darauf wartete ich jedoch vergeblich auf die Blüten und auch der Herbst brachte keine Früchte. Es war mir seither nie aufgefallen – aber der Baum –, er blüht nur jedes zweite Jahr und nur jeden zweiten Herbst reifen die Äpfel.

Nun fragen Sie mich nach der Liebe?

Vielleicht ist sie wie dieser Apfelbaum.

Nicht jeder Tag bringt strahlende Blüten oder reiche Ernte. Aber wenn ich heute an die Liebe denke, so sehe ich mich staunend, mit offenem Mund und voller Freude unter dem blühenden Apfelbaum stehend.

Wenn ich heute an die Liebe denke, so sehe ich mich körbeweise Früchte ernten. Sicher, da waren Zeiten ohne Blüte und ohne Früchte. Aber wenn Sie mich heute nach der Liebe fragen, so nehme ich Sie mit in meinen Garten zu einem alten Baum. Und ich sage Ihnen, die Liebe ist wie er – sie hat mich immer wieder reich beschenkt."

Seine Frau neben ihm auf der Bank sah ihn wortlos an und legte ihre faltige Hand auf die seine. Und es war, als spiegelten sich in ihren feuchten Augen Blüten und Früchte eines alten Apfelbaums.

TERESA VON ÁVILA

Inneres Beten

Inneres Beten ist nichts anderes
als Verweilen bei einem Freund,
mit dem wir oft allein zusammenkommen,
einfach um bei ihm zu sein,
weil wir sicher wissen,
dass er uns liebt.

REISETIPP

KAPELLE IN VITT AUF DER INSEL RÜGEN

Malerisch liegt das Fischerdorf Vitt nahe bei Kap Arkona auf der Insel Rügen. Oberhalb des Ortes entstand eine 1816 geweihte kleine Kapelle. Der legendäre Pastor Ludwig Gotthard Kosegarten aus Altenkirchen ergriff die Initiative zum Bau. Kosegarten wollte die Fischer im Dorf direkt erreichen und hielt in Vitt seine berühmt gewordenen Uferpredigten.
Einsam steht die kleine, reetgedeckte Kapelle in der Landschaft. Das Innere des achteckigen Zentralbaus wirkt schlicht. Über dem Altar befindet sich eine Kopie des Bildes „Petrus auf dem Meer“ von Philipp Otto Runge. Der italienische Künstler Gabriele Mucci malte 1990 das die Eingangstür umrahmende Wandgemälde „Menschen im Sturm“. Die Gestalt des hl. Christophorus, der Christus über das tobende Meer trägt, überragt das Geschehen.

September

Fr	1		Ruth, Josua, Gideon, Verena, Ägidius, Aloys Scholze
Sa	2		Ingrid Elovsdotter, Franz Urban Salins de Niart, Justus von Lyon
So	3	22. So. im Jahreskreis	Gregor der Große, Sophie von Minden, Phoebe, Marinus von Rimini
Mo	4		Irmgard von Süchteln, Ida von Herzfeld, Iris, Rosa von Viterbo
Di	5		Mutter Teresa, Roswitha von Gandersheim, Maria Theresia
Mi	6		Magnus v. St. Gallen, Gundolf v. Metz, Stephan v. Die (Étienne)
Do	7		Otto von Freising, Judith, Regina von Burgund, Dietrich I. von Metz
Fr	8	Mariä Geburt	Hadrian (Adrian), Sergius I., Alan de la Roche
Sa	9		Petrus Claver, Friedrich (Frederic) Ozanam, Euthymia Üffing (Emma)
So	10	23. So. im Jahreskreis	Nikolaus v. Tolentino, Diethard v. Tongern, Dagobert II. v. Austrasien
Mo	11		Ludwig IV. von Thüringen, Maternus von Köln, Felix und Regula
Di	12		Mariä Namen (Marion), Guido v. Anderlecht, Gerfried v. Münster
Mi	13		Johannes Chrysostomus, Tobias u. Tobit, Notburga von Rattenberg
Do	14	Kreuzerhöhung	Conan O'Rourke (Kornelius), Albert von Jerusalem
Fr	15	Schmerzen Mariens	Dolores, Roland von Medici, Melitta von Preslav (Melissa)
Sa	16		Kornelius von Rom, Edith von Wilton, Julia von Oeren
So	17	24. So. im Jahreskreis	Hildegard von Bingen, Robert Bellarmin, Ariadne (Ariane)
Mo	18		Lambert v. Maastricht, Lambert v. Freising, Richardis v. Andlau (Ricarda)
Di	19		Theodor von Canterbury, Igor von Kiew, Januarius von Neapel
Mi	20		Andreas Kim Taegon, Paul Chong Hasang, Eustachius, Warin
Do	21		Apostel und Evang. Matthäus, Jona(s), Debora, Maura
Fr	22		Mauritius (Moritz), Emmeram von Regensburg
Sa	23	Herbstanfang	Zacharias u. Elisabeth, Thekla v. Ikonium, Linus, Pio da Pietrelcina
So	24	25. So. im Jahreskreis	Rupert u. Virgil v. Salzburg, Gerhard Sagredo, Hermann der Lahme
Mo	25		Niklaus von Flüe (Bruder Klaus), Gottfried Thelen, Firmin von Amiens
Di	26		Kosmas u. Damian, Kaspar Stanggassinger, Eugenia v. Odilienberg
Mi	27		Vinzenz von Paul, Hiltrud von Lissies, Dietrich I. von Naumburg
Do	28		Lioba v. Tauberbischofsheim, Wenzeslaus (Wenzel), Laurentius Ruiz
Fr	29		Erzengel Michael, Gabriel und Rafael, Johannes von Dukla (Jan)
Sa	30		Hieronymus, Sophia von Mailand, Urs und Viktor von Solothurn

HEITER BLEIBEN

ANSELM GRÜN

Der Engel der Heiterkeit

Für die frühen Mönche war die *hilaritas*, die Heiterkeit und innere Klarheit, die Fröhlichkeit und Helligkeit, ein Zeichen für eine stimmige Spiritualität. Wer seine eigene Wahrheit erkannt hat, wer seine Höhen und Tiefen erlebt hat und wer sich ganz und gar angenommen fühlt, der strahlt solche *hilaritas* aus. Der geht nicht mehr mit einer finsterernsten Miene durch die Welt. Ihm ist nichts Menschliches mehr fremd. Und er weiß alles geborgen, auch die eigene Schwäche und all die Irrwege des Menschen. Es ist ein Strahlen, das von innen kommt, weil alles in ihm vom heilenden und wärmenden Licht göttlicher Liebe erleuchtet ist. Das deutsche Wort heiter bedeutet von seiner Wurzel her: klar, hell, wolkenlos, leuchtend. Durch den *heiteren* Menschen scheint ein helles Licht in seine Umgebung. Er vertreibt die Wolken, die die Köpfe der Menschen verdunkeln.

Heiterkeit ist nicht einfach nur eine Charaktereigenschaft, mit der man geboren wird. Sie entsteht durch ein großes Vertrauen, dass man so, wie man ist, bedingungslos angenommen ist, dass alles letztlich gut ist. Und sie entsteht durch den Mut, die eigene Wahrheit anzuschauen. Christen sind überzeugt: Nur wer das Licht Gottes in alle Abgründe seiner Seele eindringen lässt, der kann Heiterkeit ausstrahlen. In ihm gibt es nichts Dunkles mehr, das er verstecken müsste, nichts Abgründiges, vor dem er Angst haben müsste. Er geht sorglos durch die Welt. Das ist kein naiver Optimismus, sondern eine Haltung, die aus der Begegnung mit der Wahrheit kommt. Weil er seiner eigenen Wahrheit ins Auge geschaut hat, braucht er sich den Kopf nicht mehr zu zergrübeln über eventuelle Probleme und Gefahren. Er ist nicht fixiert auf das Dunkle dieser Welt, sondern sieht alles ins göttliche

ANSELM GRÜN

Der Benediktinerpater Anselm Grün gehört zu den erfolgreichsten und meistgelesenen spirituellen Autoren im deutschen Sprachraum. Weltweit verkaufte er seine Werke in einer Gesamtauflage von über 14 Millionen Exemplaren. Im Alter von 19 Jahren trat Anselm Grün in die Benediktinerabtei Münsterschwarzach ein. Bis 2013 war er dort als Cellerar für die Leitung von über 20 Betrieben mit 300 Mitarbeitern verantwortlich. In seinen Kursen und Vorträgen versucht Anselm Grün, fragenden Menschen Antworten zu geben.

Licht getaucht. Er vertraut, dass dieses Licht, das in seinem Herzen gesiegt hat, sich auch in der Welt durchsetzen wird.
Solche Heiterkeit steckt an. In der Nähe eines heiteren Menschen kann man sich nicht über den Weltuntergang unterhalten. Da kann man sich nicht in einem Jammern über die Zustände dieser Welt ergehen. Der Heitere verschließt die Augen nicht vor der konkreten Situation dieser Welt. Er verdrängt das Dunkle nicht. Aber er sieht alles aus einer anderen Perspektive heraus, letztlich aus einer Perspektive des Geistes, der auch die Finsternis durchschaut, bis er auf den leuchtenden Grund Gottes darin stößt. Er sieht alles aus der Perspektive seines Engels heraus, der die Wirklichkeit dieser Welt so sieht, wie sie ist, der es aber dennoch fertigbringt, sich mit seinen Flügeln über sie zu erheben und sie trotz aller Schwere mit einer inneren Heiterkeit anzuschauen. Einem heiteren Menschen kann man keine Angst einjagen. Er ruht in sich. Und so kann ihn nichts so leicht umwerfen. Wenn Du mit einem so heiteren Menschen sprichst, dann kann sich auch Dein Inneres aufheitern, dann siehst Du auf einmal Dein eigenes Leben und Deine Umgebung mit anderen Augen. Es tut Dir gut, in der Nähe eines heiteren Menschen zu sein. Du weißt, wie niederdrückend Menschen sein können, die alles durch ihre dunkle Brille sehen, die fixiert sind auf das Negative, das sie überall entdecken.
Der heitere Mensch hellt Dich auf. Du fühlst Dich auf einmal leicht. So wünsche ich Dir die Begegnung mit vielen Engeln der Heiterkeit. Und ich wünsche Dir, dass Dich der Engel der Heiterkeit innerlich aufhellt und Dich heiter und klar, leuchtend und wolkenlos werden lässt, damit durch Dich die Welt um Dich herum heller und heiterer wird.

PATER DR. ECKHARD BIEGER SJ

Gedächtnis der Schmerzen Marias am 15. September

Das Fest hat seine Wurzeln im Mittelalter, in der Verehrung der „Sieben Schmerzen Marias", eines dem Kreuzweg verwandten Gebetes. Der Gedenktag wurde erst in Deutschland eingeführt und vom Servitenorden gepflegt und von Pius VII. 1814 als Dank für die Rückkehr aus der Gefangenschaft unter Napoleon für die ganze Kirche eingeführt. Seit 1913 ist der Gedenktag auf den Tag nach dem Fest „Kreuzerhöhung" gelegt.

Nach dem Bericht des Evangelisten Lukas sagt Simeon, als die Eltern Jesus in den Tempel bringen, zu Maria: „Dir selbst aber wird ein Schwert durch die Seele dringen" (Lk 2,35). Diese Weissagung sehen die Christen durch den Schmerz Marias, die unter dem Kreuz ausharrt, als bestätigt an (Joh 19,25). In der Meditation der Schmerzen Marias sah der mittelalterliche Mensch seine eigenen Leiden gespiegelt. Aus dem Leben Marias wurden folgende Begebenheiten als schmerzhaft empfunden:

1. Weissagung des Simeon (Lk 2,34–35)
2. Flucht nach Ägypten (Mt 2,13–15)
3. Suche nach dem zwölfjährigen Jesus, den die Eltern im Tempel finden (Lk 2,45–52)
4. Der Weg nach Golgota
5. Die Kreuzigung Jesu
6. Die Abnahme Jesu vom Kreuz
7. Die Grablegung Jesu

Das Bild der Mutter, die ihren toten Sohn auf den Knien hält (Pietà) ist das Gegenbild zur Mutter mit dem kleinen Kind auf den Armen.

Tipp von Sr. Hedwig

FRAUENMANTEL

Der Frauenmantel hat große, halbkreisförmige Blätter, die in sich regelmäßig gefaltet sind. Das verleiht ihm mit ein bisschen Fantasie das Aussehen eines Mantels. Der Gedanke an einen Schutzmantel ist daher nicht weit. Denken wir nur an die vielen Schutzmantelmadonnen. Dadurch entstand früher auch die Überzeugung, dass diese Pflanze heilende Wirkung für Frauen haben muss. Und wie sich zeigt, nicht zu Unrecht. Der Frauenmantel kann als ein wahres Allheilmittel angesehen werden, was „Frauenleiden" betrifft.
Ein Tee aus der Pflanze hilft bei Unterleibskrämpfen, Unregelmäßigkeiten im Zyklus oder zu starken Monatsblutungen. Für den Tee nimmt man ungefähr einen Teelöffel getrocknetes Kraut pro Tasse. Das wird mit kochendem Wasser übergossen und sollte 10 Minuten ziehen. Wer zu Entzündungen im Unterleib neigt, sollte den Tee vorbeugend trinken.

HUGO KAEKER

September

Herbstkräftig streicht
Septemberluft
mir über Stirn und Wangen
und kommt ein frischer Apfelduft
vom Gartenland gegangen.

Fernher verklingt ein sanft Geläut,
ein Lied weht in den Winden,
mir aber ist's, als müsst ich heut'
ein heimlich Glück noch finden.

KALENDERBLATT

Lech Wałesa

Ohne Papst Johannes Paul II. sei der politische Umbruch der 1980er-Jahre in Polen nicht möglich gewesen, ist sich Lech Wałesa sicher. Die Opposition gewann nach den Worten des Papstes – „Fürchtet euch nicht, wenn ihr euer Leben ändern wollt" – regen Zuwachs. Der polnische Werftelektriker kämpfte als Vorsitzender der Gewerkschaft Solidarność gegen den zu dieser Zeit vorherrschenden Kommunismus. Bereits 1983 wurde Wałesa der Friedensnobelpreis für seinen jahrelangen Einsatz als Oppositionsspitze verliehen. Die Regierung um Wojciech Jaruzelski kam 1989 erstmals zu Gesprächen mit Solidarność zusammen. Zwischen 1990 und 1995 regierte Lech Wałesa schließlich als erster freigewählter Staatspräsident Polens. Geboren wurde Wałesa vor 80 Jahren am 29. September 1943 als Sohn eines Zimmermanns.

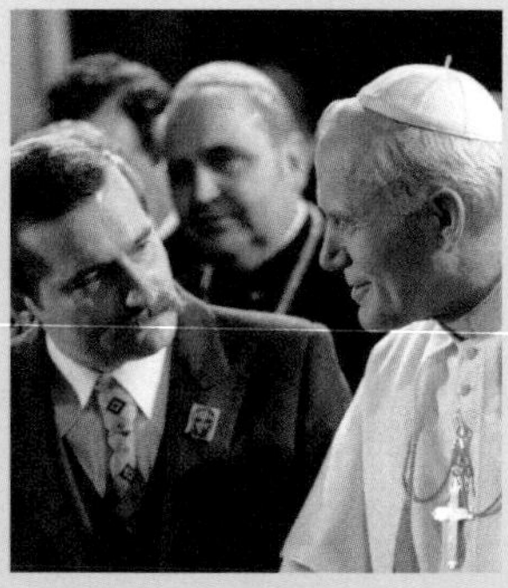

Theodor Fontane

Dreißig Jahre lang durchquerte der deutsche Schriftsteller die Mark Brandenburg. Seine Beobachtungen schrieb er in der fünfteiligen Buchreihe „Wanderungen" nieder. Bis heute besuchen Interessierte die darin genannten Schlösser, Kirchen und Gutshäuser. Geboren wurde Theodor Fontane am 30. Dezember 1819 in Neuruppin. Nach dem Vorbild seines Vaters absolvierte er eine Ausbildung zum Apotheker. Doch schon 1839 erschien die erste Novelle Fontanes, „Geschwisterliebe". Zehn Jahre später widmete er seine Aufmerksamkeit fortan endgültig dem Schreiben unzähliger Gedichte und Romane. Regelmäßig griff der Journalist und Kritiker Religiosität als Thematik in seinen Werken auf. Fontanes „Wanderungen" erzählen von Landgeistlichen und ihren Gemeinden. Pfarrer Lorenzen aus dem Roman „Stechlin" wird als Seelsorger mit Abstand zu kirchlichen Konventionen beschrieben. Vor 125 Jahren, am 20. September 1898, verstarb der bedeutende Vertreter des Realismus.

J. R. R. Tolkien

Mit seinen berühmten Werken „Der Hobbit" und „Der Herr der Ringe" setzte John Ronald Reuel Tolkien Maßstäbe für die moderne Fantasy-Literatur. Nahe Birmingham wuchs der spätere Sprachwissenschaftler gemeinsam mit seinem Bruder auf. Tolkiens Mutter legte großen Wert auf eine katholische Erziehung und christliche Werte und Motive flossen in seine Werke ein. Die Liebe zur Sprache zog sich durch sein Leben: So studierte er Englische Sprache und Literatur, unterrichtete an verschiedenen Universitäten und begann während seiner Zeit als Professor in Oxford mit der Geschichte des Hobbits. J.R.R. Tolkien starb vor 50 Jahren, am 2. September 1973, mit 81 Jahren.

AUS DER KÜCHE VON

Barbara Kaufmann
Pfarrhaushälterin in Oberndorf i. T.

Blätterteigstrudel

ZUTATEN für 4 Personen

1 Blätterteig	Paprikapulver
5 Blatt Goudakäse	Salz, Pfeffer
5 Blatt Toastschinken	Kurkuma
600 g Rinderhackfleisch	Petersilie
1 kleine Zwiebel	1 EL Senf
2 bis 3 Stück Knoblauch	1 Ei

ZUBEREITUNG

Zwiebel und Knoblauch klein schneiden und in Öl glasig rösten. Faschiertes dazugeben, Gewürz hinzufügen und alles ungefähr 15 min rösten. Auf die Seite stellen und das Ei einrühren. Den Blätterteig ausrollen, in der Mitte der Länge nach Käseblätter und Schinken legen, dann Faschiertes darauf verteilen. Einschlagen und mit Ei bestreichen. Bei 180 °C ungefähr 45 min backen. Mit Gemüse oder Salat servieren.

Küchentipps

Vielseitiger Blätterteig

Blätterteig zeichnet sich durch seine vielfältigen Verwendungsmöglichkeiten aus. So kann man ihn sowohl herzhaft als auch süß kombinieren. Der köstliche Blätterteig eignet sich so für viele Gelegenheiten.

Herzhaft

Fisch oder Fleisch kann man gut mit Blätterteig umhüllen. Feine Suppen werden durch eine Haube aus Blätterteig gekrönt. Kleine und große Pasteten lassen sich wunderbar mit Blätterteig backen.

Käsegebäck

Käsegebäck ist ein beliebter Partysnack. Außer Blätterteig benötigt man nur etwas geriebenen Käse, ein paar Gewürze und ganz nach Belieben noch etwas Sesam oder Mohn. Kurz in den Ofen und fertig ist das Käsegebäck.

THEODOR FONTANE

Die Pudel von Freienwalde

Der Abend ist schön, und Duft und Nebel steigen aus den Wiesengründen auf. Der Wald zur Linken steht, wie es im Liede heißt, „schwarz und schweiget" und nur vor uns, nach Nordwesten zu, glüht noch der Abendhimmel in wunderbaren Farbenspielen durch die Nebelschleier hindurch. Es ist just die Stunde, um den Schlossberg und die Burg der Uchtenhagen zu besuchen, denn die Landschaft selbst erscheint wie ein weit aufgetanes Tor, um uns rot und golden in das Land der Sage einzuführen.

Die vordersten Hügelpartien liegen bereits hinter uns, wir müssen bald halben Weges sein, aber er schweigt noch immer.

Es labt uns das Bild und die Frische des Abends, aber endlich haben wir abgeschlossen mit der Landschaft und fühlen ein leises Unbehagen über das Schweigen unseres Führers, an dessen Seite wir doch Platz genommen um bequemerer Unterhaltung willen. Die vordersten Hügelpartien liegen bereits hinter uns, wir müssen bald halben Weges sein, aber er schweigt noch immer. Da der Berg nicht zum Propheten kommt, so bleibt nichts anderes übrig als das alte Auskunftsmittel, und blindlings in die allerbequemste Form der Unterhaltung hineintappend beginne ich mit der Frage:

„Sagen Sie, wie denken Sie über die Uchtenhagens?"

Der Angeredete lässt sich Zeit, und zweimal mit der Leine klatschend, um die lange Pause minder auffällig zu machen, antwortet er endlich in absichtlich unbestimmten Ausdrücken:

„Ja, da ist viel."

Und so rollen wir weiter in den stillen Abend hinein, dessen allerstillste Stelle unser Wagen zu werden droht. Ich will aber dies Schweigen unterbrechen, es koste, was es wolle, und so fahre ich denn fort:

„Es soll hier eine große Schlacht gewesen sein. Hier hinter den Bergen. Ich glaube, sie nennen es das ‚rote Land'."

Er nickte mit dem Kopfe.

„Nun sagen Sie mir, ist denn das Land noch immer rot?"

„So rot", antwortete er halb wie im Echo und machte dabei eine Handbewegung, als ob er sagen wollte: „Lieber Herr, sprechen wir davon lieber nicht."

Nichtsdestoweniger hatte diese Frage das Eis gebrochen, ich sah es an seiner veränderten Haltung, und mit der Rechten auf die quadratmeilenweite Umgebung deutend, fuhr ich fort: „Sie müssen sehr reich gewesen sein ... Ich meine die Uchtenhagens."

Er sah unter seinem Mützenschirm zu mir auf, ein halb wehmütiges Lächeln flog über sein Gesicht, und er wiederholte auch jetzt nur meine Worte:

„... sehr reich ... sehr!"
Es war ersichtlich, dass er einen Nachsatz machen wollte, ihn aber rücksichtsvoll verschwieg. Ich kam ihm also auf halbem Wege entgegen und ergänzte: „Sehr reich; aber wie?"
Dies Wort schien ihm Gewissheit zu geben, dass ich einer von dem romantischen Geheimbund sein müsse, der nach Art anderer Geheimbünde zwar seine nicht ausgesprochenen, aber nichtsdestoweniger ganz bestimmten Erkennungszeichen hat. Er wusste nun, dass er sprechen dürfe ohne Furcht vor Profanation.
Und er wartete auch keine weitere Frage ab, rückte vielmehr vertraulich näher und sagte: „Wissen Sie denn, was sich die Kiezer hier erzählen? Da war hier in Freienwalde, in der uchtenhagenschen Zeit, ein Böttcher, der wohnte neben dem Kirchhof und hieß Trampe. Das Wasser stand damals bis an die Stadt heran, und zwischen Trampes Haus und dem Wasser lag bloß der Kirchhof. Eines Nachts hörte nun Trampe ein Knurren und Winseln, und er trat ans Fenster, um zu sehen, was es sei. Er sah aber nichts als den Vollmond, der am Himmel stand. Er legte sich also wieder nieder und warf sich eben auf die rechte Seite, da hörte er seinen Namen rufen: ‚Trampe', dreimal. Und dann wurd' es wieder still. Und in der nächsten Nacht ebenso. Trampe meinte nicht anders, als er werde nun sterben müssen, und er ergab sich auch in sein Schicksal und dachte: ‚Wenn es wieder ruft, dann wirst du folgen, es sei, wohin es sei.' Und in der dritten Nacht rief es wieder. Trampe trat nun auf den Kirchhof hinaus, und als er sich umsah, war es ihm, als liefe was wie ein Hund zwischen den Gräbern hin und her. Er konnt' es aber nicht genau sehen, denn das Kirchhofsgras stand sehr hoch. Trampe folgte der Spur, die nach der Wasserseite des Kirchhofs ging, und als er an den Strom kam, sah er einen Kahn, der mit dem Vorderteil im Wasser und mit dem Hinterteil auf dem Trocknen lag. An der äußersten Spitze des Kahns aber stand ein schwarzer Pudel mit zwei Feueraugen und sah Trampen so an, dass dieser dachte, hier ist Einsteigen das Beste. Und kaum, dass er saß, so fuhr der Kahn, als ob er von hundert Händen geschoben würde, wie ein Pfeil in den Fluss hinein und über das Wasser fort."
Hier unterbrach sich der Erzähler einen Augenblick, um mir die Linie zu beschreiben, die der Kahn damals gezogen haben müsse, und fuhr dann fort:
„Keiner steuerte, keiner führte das Ruder, aber der Kahn ging rechts und links, immer wie der Pudel den Kopf drehte; so kamen sie bis an den Schlossberg. Der Kahn lief jetzt auf, beide sprangen

ans Ufer und stiegen bergan. Inzwischen war es dunkel geworden, der Mond war unter; aber ob nun der Hund rückwärts bergan lief oder ob er den Kopf nach hinten zu gedreht hatte, so viel ist gewiss, Trampe sah immer die zwei Feueraugen vor sich, die ihm bis oben hinauf den Weg zeigten. Und als er nun in den Burghof trat, standen da wohl hundert Fässer, alle voll Gold. Das war so blank, dass es im Dunkeln blitzte. Das Schloss selbst aber lag in Nacht, und nur mitunter glühten die Fenster auf und allerlei Gestalten wurden sichtbar, Ritter und Edelfräulein, die kicherten und lachten. Dahinter klang es dann wie Tanzen und leise Musik. Trampe sah und horchte. Aber nicht lange, so trat ein Ritter an ihn heran, legte ihm eine schwere Hand auf die Schulter und fragte, ob er der Böttcher aus Freienwalde sei. Und als Trampe bejaht hatte, befahl er ihm, die Fässer zuzuschlagen: ‚Das dreizehnte Fass ist für dich.' Und nun ging Trampe an die Arbeit und schlug alle Fässer zu. Das dreizehnte aber, das er vorsichtig gleich beiseitegestellt hatte, rollte er den Berg hinunter. Er war nun fertig und wollte wieder gehen. Da fuhr es ihm wie eins durch den Kopf, ob nicht der Ritter jedes dreizehnte Fass gemeint haben könnte, und als er noch so dachte, rollte er auch schon heimlich ein zweites Fass bergab. Als er aber unten ankam, lag nur ein Fass da. ‚Hm', dachte Trampe, ‚wirst es noch mal versuchen', und stieg wieder bergauf und rollte ein drittes Fass hinunter. Und sehen Sie, das war es ja gerade, was sie gewollt hatten, und als er wieder unten war, war alles verschwunden, auch das erste Fass, und nur an der Vorderspitze des Kahns saß wieder der Pudel und sagte: ‚Trampe, du hast verspielt'. Das ärgerte Trampen und er dachte, als sie zurückfuhren: ‚Das soll dir auch nicht wieder passieren'. Ist ihm auch nicht wieder passiert, denn die Uchtenhagens haben ihn nie wieder holen lassen, wenn sie einen brauchten, um ihre Fässer zuzuschlagen."

Christa Spilling-Nöker

Höre auf die Stimme des Engels

Höre auf die Stimme des Engels
und folge dem Ruf deines Herzens,
der dich mit dir selbst
ans Ziel bringen will,
auch wenn der Weg unbequem ist,
beschwerlich und weit.
Am Ende aber leuchtet dir
ein Land voller Segen.

REISETIPP

DORFKIRCHE IN PARETZ

Im Havelland westlich von Berlin liegt das Dörfchen Paretz. Um 1800 gewann der Ort überregionale Bedeutung, da König Friedrich Wilhelm III. und seine Frau Luise hier ihren Sommersitz nahmen. Einfühlend hat Theodor Fontane Paretz und seine königlichen Gäste in den „Wanderungen durch die Mark Brandenburg" beschrieben.
Die Ersterwähnung des Dorfes erfolgte 1197. Spätestens im 14. Jh. liegen die Ursprünge der einfachen Feldsteinkirche. Es war David Gilly, der das Gotteshaus im Stil einer frühen Neogotik umbaute. In der Patronatsloge befindet sich das 1811 von Gottfried Schadow modellierte Flachrelief auf den Tod der Königin Luise. Glaube, Liebe, Hoffnung und Treue umgeben als personifizierte Tugenden die verklärte Königin. Bei der Restaurierung der Kirche 1961/62 ersetzte man zwei seit 1798 in der Kirche befindliche runde romanische Fensterscheiben durch Kopien.

Oktober

So	1	26. So. im Jk., Erntedank	Thérèse von Lisieux, Werner von Wilten, Emanuel von Cremona
Mo	2		Hll. Schutzengel, Petrus, Hermann u. Jakob von Neuzelle
Di	3	Tag d. Deutschen Einheit	Irmgard von Baindt, Ewald, Utto von Metten (Udo)
Mi	4		Franziskus von Assisi, Franz Xaver Seelos, Aurea von Paris
Do	5		Meinolf von Böddeken, Maria Faustina Kowalska, Anna Schäffer
Fr	6		Bruno der Kartäuser, Isaak und Jakob, Renatus von Sorrent (René)
Sa	7		U. L. Frau vom Rosenkranz (Rosa), Justina von Padua
So	8	27. So. im Jahreskreis	Gunther v. Regensburg, Demetrius v. Saloniki (Dimitri), Felix v. Como
Mo	9		Dionysius v. Paris, Abraham u. Sara, Johannes Leonardi, Gunther
Di	10		Gereon von Köln, Viktor von Xanten, Sybille von Gages
Mi	11		Johannes XXIII., Bruno I. von Köln, Jakob Griesinger
Do	12		Maximilian vom Pongau, Edwin von Northumbrien, Jakob Rem
Fr	13		Eduard der Bekenner, Simpert v. Augsburg, Alexandrina Maria da Costa
Sa	14		Kallistus I., Burkhard von Würzburg, Alan von Auxerre
So	15	28. So. im Jahreskreis	Teresa v. Ávila (von Jesus), Aurelia v. Regensburg, Willa v. Salzburg
Mo	16		Hedwig v. Schlesien, Margareta Maria Alacoque, Gerhard Majella
Di	17		Ignatius von Antiochien, Anselm von Wien, Contardo Ferrini
Mi	18		Evangelist Lukas, Petrus von Alcántara
Do	19		Paul vom Kreuz, Jean de Brébeuf (Johannes), Isaak Joques
Fr	20		Wendelin, Cornelius, Vitalis von Salzburg, Jakob Kern
Sa	21		Ursula von Köln, Antonia, Clementine, Celina (Céline)
So	22	29. So. im Jahreskreis	Johannes Paul II., Kordula, Ingbert, Salome von Galiläa
Mo	23		Johannes von Capestrano, Severin von Köln, Oda von Metz (Ute)
Di	24		Antonius Maria Claret, Evergislus von Köln, Aloisius Guanelle
Mi	25		Ludwig III. v. Arnstein, Margareta v. Roskilde, Tabita (Tabea), Daria
Do	26	A: Nationalfeiertag	Amandus von Straßburg, Witta von Büraburg
Fr	27		Wolfhard von Augsburg, Vinzenz, Sabina, Oran von Meath
Sa	28		Apostel Simon und Judas Thaddäus, Alfred der Große
So	29	30. So. im Jahreskreis	Margarete von Hohenfels, Ida von Leeuw, Ermelind von Meldert
Mo	30		Thöger von Thüringen (Dietger), Bernhard Schwentner, Marcellus
Di	31	Reformationstag	Wolfgang von Regensburg, Notburga von Köln, Jutta

EINANDER VERSTEHEN

JOHANNES KUHN

Auch der Spätherbst hat sonnige Tage

Vor einiger Zeit sah ich zwei ältere Leute, ein Ehepaar offenbar. Sie gingen miteinander um, dass man das Gefühl hatte – so von Weitem –, die haben sich auch noch etwas zu geben. Da ist irgendwie noch eine freundliche Spannung drin, wo sich einer dem anderen gegenüber nicht gleichgültig verhält.
Beide waren jenseits der siebzig. Und wie viel Vertrautheit und Einfühlungsvermögen schwang zwischen ihnen! Es war, als ob ihre Ehe erst in diesen Jahren ihre Krönung erfährt. Einer brauchte jetzt den anderen erst recht.
Die großen Gesten, die pathetischen Schwüre, die leidenschaftlichen Umarmungen – in dieser Lebensphase sind sie abgelöst. An ihre Stelle sind die kleinen, oft sehr zarten Zeichen der Liebe, der Geduld, des Verstehens getreten. Man kennt sich gut, kennt auch die Schwächen und weiß, sich gegenseitig zu nehmen.
Da braucht es oft gar nicht vieler Worte zwischen den Eheleuten. Die Jahrzehnte eines gemeinsamen Weges mit den vielen gemeinsam durchgestandenen Schwierigkeiten haben ein feines Gespür füreinander geschaffen.
Wenn man zwei nach Gründen ihres Glücks fragt, kann man verschiedene Antworten bekommen. Die einen sagen – ein wenig lustig –: „Auch der Spätherbst hat eben noch seine sonnigen Tage!“ Und sie lächeln dabei ein wenig in sich hinein, als wollten sie damit zeigen: Das eigentliche Geheimnis unseres Glücks verraten wir nicht.
Andere sagen es geradeheraus: „Wir lieben uns eben immer noch!“ Und da mag sich nun jeder seinen Reim darauf machen. Mehr ist jedenfalls aus ihnen nicht herauszukriegen. Wie sollten sie auch zerreden, was ihnen selber oft wie ein Wunder ist, vor dem sie stehen und für das sie Gott danken?

JOHANNES KUHN

Johannes Kuhn wurde 1924 in Plauen/Vogtland als Sohn eines Bäckers geboren. Nach dem Theologiestudium war er bis 1961 Gemeinde- und Jugendpfarrer in Bremerhaven. Von 1961 bis 1989 stand er im Dienst der württembergischen Landeskirche als Landespfarrer für Rundfunk in Stuttgart. In der Morgensendung „Das geistliche Wort" des Süddeutschen Rundfunks erreichte er Millionen von Hörern. Von 1978 bis 1986 gestaltete er die ZDF-Sendereihe „Pfarrer Johannes Kuhn antwortet". Johannes Kuhn, Träger des Bundesverdienstkreuzes, lebte bis zu seinem Tod im Jahr 2019 in der Nähe von Stuttgart. Unzähligen Menschen bleibt er als Pfarrer und Seelsorger, als Freund und Helfer, als Schriftsteller und Mensch unvergessen.

Manchmal freilich finden sie das, was sie sagen wollten, in Gedichten wieder, wie zum Beispiel in jenem von Matthias Claudius:

„Ich war wohl klug, dass ich dich fand.
Doch ich fand nicht,
Gott hat dich mir gegeben.
So segnet keine andre Hand."

„Gesegnet" – so würden sie vielleicht ihr gemeinsames Glück beschreiben. Dieses Glück, das sie bis in das Alter hinein begleitet hat. Und tatsächlich, wer so dran ist, den umgibt etwas Helles, Lichtes. Ein Glanz von jener Art, den der ehemalige Bundespräsident Theodor Heuss in einer Widmung an seine Frau zum siebzigsten Geburtstag beschrieb:

„Wie im Nehmen, so im Geben
galt das schöne Gleichgewicht
als Gesetz für unser Leben:

Einer war des andern Licht!
Gleiches Schreiten durch die Jahre,
schwärmend einst und heute stet –
Wirbelwind durch blonde Haare,
weicher Hauch durch weiße geht.

Frohe Stunden, stille Trauer,
festes Herz im Überschwang.
Und der Ewigkeiten Schauer
wehn durch dieses Lebens Gang."

HANNELORE REINER

Erntedank

Erntedank ist vielleicht das bunteste und fröhlichste Fest im Jahr.
Die Kirchen werden ausgeschmückt mit prachtvollen Erntekronen. Die Kinder bringen übervolle Obstkörbe. Ein Fest zum Anschauen, zum Riechen, zum Hineinbeißen ...
Erntedank lässt sich aber auch ganz anders feiern, mitten im Alltag, auf dem Weg in die Arbeit, in den vielen Begegnungen eines Tages.
Matthias Claudius hat eine feinsinnige Sprache für diese Art von Erntedankfeier gefunden. Er schreibt im zweiten Vers seines Erntedankliedes: „Gott wickelt seinen Segen gar zart und künstlich ein und bringt ihn dann behände in unser Feld und Brot. Es geht durch unsre Hände, kommt aber her von Gott."
Der Segen Gottes lässt sich selten eins zu eins feststellen. Die Ernte eines Jahres oder auch nur eines Tages fällt nicht immer gleich gut aus. Das Lied lehrt: Der Segen ist eingewickelt, zart und kunstvoll ist er verborgen in allen unseren Alltagserlebnissen.
Er geht durch unsere Hände, mit denen wir heute schreiben und tippen, grüßen und kochen, die Maschine bedienen und das Lenkrad festhalten. Es braucht also weder Obstkörbe noch Erntekronen, um Erntedank zu feiern, nur das feine Gespür für den Segen, der in und hinter all unserem Tun und Lassen steht.
„Was nah ist und was ferne, von Gott kommt alles her, der Strohhalm und die Sterne, der Sperling und das Meer. Von ihm sind Büsch und Blätter und Korn und Obst von ihm ..."

Tipp von Sr. Hedwig

BALDRIAN

Baldrian ist anspruchslos und kann deshalb im Garten angepflanzt werden. Man findet Baldrian in feuchten Wäldern, auf feuchten Wiesen und in der Nähe von Ufergebüschen.
Bei allen Zuständen von Nervosität, Schlaflosigkeit und vielen psychosomatisch bedingten Krankheiten, beispielsweise Magengeschwür oder -krämpfe, kann Baldrian als Tee, Tinktur oder Pulver eingesetzt werden. Bei Schlaflosigkeit empfiehlt sich vor dem Schlafengehen ein Tee aus Baldrian, Hopfen, Beifuß und Melisse, der in kleinen Schlucken langsam getrunken wird. Die Wirkung wird unterstützt, wenn man auf Alkohol, Kaffee, schwarzen Tee und Tabak gänzlich verzichtet.
Da Baldrian nicht müde macht, kann er auch bei Prüfungsangst eingesetzt werden. Inzwischen gibt es Baldrianprodukte in jedem Supermarkt. Sie können durchaus Psychopharmaka ersetzen, weil sie nicht nur ungefährlicher wirken, sondern auch nicht süchtig machen.

FERDINAND AVENARIUS

Herbstgold

Wie war's im Walde
heut wunderhold –
die Wipfel alle
von rotem Gold!

Goldender Boden,
golden der Duft,
fallende Blätter
von Gold aus der Luft.

Und es leuchtet
aus Tod und Vergeh'n
golden die Hoffnung
aufs Aufersteh'n.

KALENDERBLATT

Wolfgang Thierse

Der bekennende Katholik und Vater zweier Kinder wurde 1943 im schlesischen Breslau geboren und wuchs in der thüringischen Diaspora auf. Anfang 1990 wurde Wolfgang Thierse Mitglied der neugegründeten Sozialdemokratischen Partei der DDR und errang ein Mandat in der letzten und einzigen frei gewählten Volkskammer. Über vier Wahlperioden war Wolfgang Thierse zunächst Präsident und später Vizepräsident des Deutschen Bundestages, dem er bis 2013 angehörte. Der ehemalige Bundestagsabgeordnete war bis 2021 Mitglied des Zentralkomitees der deutschen Katholiken (ZdK) und ist noch immer Sprecher des Arbeitskreises „Christen in der SPD“. Am 22. Oktober feiert Wolfgang Thierse seinen 80. Geburtstag.

Ernst Barlach

In Wedel bei Hamburg wurde Ernst Barlach am 2. Januar 1870 geboren. Das Werk des Bildhauers, Schriftstellers und Zeichners ist zwischen Realismus und Expressionismus angelegt. Besondere Bekanntheit erlangten seine Bronze- und Holzplastiken. Viele Kunstwerke des von den Nationalsozialisten als „entartet“ verfemten Barlach widmen sich christlichen Themen, so der „Lesende Klosterschüler“, „Der lehrende Christus“ oder „Das Wiedersehen (Christus und Thomas)“. Barlach starb, vereinsamt und mit einem Ausstellungsverbot belegt, vor 85 Jahren am 24. Oktober 1938 in Rostock. Das Ernst-Barlach-Museum in Ratzeburg zeigt seit 1956 Arbeiten und Dokumente aus dem gesamten Werk Barlachs.

Seligsprechung von Edith Stein

Edith Stein erblickte am 12. Oktober 1891 in einer orthodoxen jüdischen Familie in Breslau das Licht der Welt. Nach dem glänzend abgeschlossenen Philosophiestudium und einigen Jahren als wissenschaftliche Assistentin ließ Edith Stein sich 1922 taufen. Maßgeblich für diese Entscheidung wurde die Lektüre der Autobiografie der hl. Teresa von Ávila. Edith Stein arbeitete als Lehrerin und Dozentin. Im Oktober 1933 trat sie in den Kölner Karmel ein und nahm den Ordensnamen Teresa Benedicta a Cruce an. Um den Karmel zu schützen, übersiedelte Edith Stein zusammen mit ihrer ebenfalls in den Orden eingetretenen Schwester Rosa 1938 in die Niederlande. Am 2. August 1942 wurde sie aus dem Kloster heraus von der Gestapo verhaftet. Edith Stein starb am 9. August 1942 in Auschwitz. In ihrem Testament hatte sie sich vorbehaltlos dem Kreuz Christi verschrieben und sich bereiterklärt, es in jeder Form zu tragen und aufzuopfern für die Kirche, den Karmel, das jüdische Volk und Deutschland. Papst Johannes Paul II. sprach Edith Stein 1987 selig und vor 25 Jahren am 11. Oktober 1998 heilig. Er erhob sie 1999 auch zur Mitpatronin Europas.

AUS DER KÜCHE VON

Barbara Kaufmann

Pfarrhaushälterin in Oberndorf i. T.

Kürbissuppe

ZUTATEN

für 4 Personen

- 1 EL Butter
- 1/2 Zwiebel (würfelig geschnitten)
- 1 EL glattes Mehl
- 1 EL Kürbiskernöl
- 100 g Crème fraîche
- 1/16 l Schlagsahne
- 1/16 l Weißwein (Grüner Veltliner)
- 3/4 l Gemüsebrühe
- 400 g Long White Kürbis (kleinwürfelig geschnitten)
- Salz
- Pfeffer

ZUBEREITUNG

Zwiebel in der Butter glasig rösten, den Kürbis beigeben und kurz mitanrösten. Das Mehl hinzufügen und alles gut verrühren, mit Gemüsebrühe und Schlagsahne aufgießen, würzen. Alles kochen, bis der Kürbis weich ist, dann alle Zutaten passieren. Die Crème fraîche beigeben, Konsistenz prüfen und zum Schluss abschmecken. Beim Anrichten mit etwas Schlagsahne und Kürbiskernöl dekorieren.

Küchentipps

Kürbisse
Kürbisse sind reich an Kalium, Calcium, Magnesium und Vitamin C und eignen sich sowohl für süße als auch für herzhafte Speisen.

Lagerung
Ganze Kürbisse halten sich mehrere Monate, wenn sie kühl und trocken gelagert werden.

Wein in der Kürbissuppe
Wer keinen Wein verträgt oder auf Alkohol verzichten möchte, der kann stattdessen der Kürbissuppe etwas mehr Gemüsebrühe zugeben oder den Wein durch Orangensaft ersetzen.

THOMAS HANSTEIN

Quietschende Reifen

„Was war das?“ – „Ein Unfall?“ – „Oh, mein Gott!“ Bestimmte Geräusche können alle inneren Alarmglocken sensibilisieren. So das spontane Quietschen der Reifen, vorn auf der Straße. Was erst mal einen Schreck eingejagt hat, war dann aber auch ein Zeichen von Aufmerksamkeit. Der Fahrer des Autos hatte die plötzlich auftauchende Gestalt vor sich noch rechtzeitig gesehen. Und interessant war, dass es kein Kind war, das dem auf die Straße gesprungenen Ball hinterherlief, sondern ein Mann in den besten Jahren – der Vater des Fußball spielenden Kindes. Insofern folgte der ersten Reaktion des noch geschockten Autofahrers, einem heftigen und lauten Schimpfen, auch bald ein kopfschüttelndes Lachen – als sich der Vater mit eingezogenem Hals und schuldbewusst ausgebreiteten Armen dem anderen Mann entgegenstellte –, in diesem Moment gänzlich unfähig, auch nur etwas zu sagen.
Sein Sohn, der das Geschehen von einiger Entfernung anfangs interessiert verfolgt hatte, hatte sich zu dieser Zeit mit dem schnell wieder ergriffenen Ball bereits vom Ort des Geschehens entfernt. „Sag's nicht gleich der Mama!“, rief ihm sein Vater noch nach. Und ich dachte an die angeblichen „Standardsätze“ von Vätern und Müttern, die man gelegentlich aus der Presse oder aus Studien entnehmen kann. Gott sei Dank ist das Leben bunter und vielseitiger als das, was gedeutet oder auch bewertet auf ein Blatt Papier gebracht werden kann.

Der Herr ist mein Hirte

Der Herr ist mein Hirt, nichts wird mir fehlen. Er lässt mich lagern auf grünen Auen und führt mich zum Ruheplatz am Wasser. Meine Lebenskraft bringt er zurück. Er führt mich auf Pfaden der Gerechtigkeit, getreu seinem Namen. Auch wenn ich gehe im finsteren Tal, ich fürchte kein Unheil; denn du bist bei mir, dein Stock und dein Stab, sie trösten mich. Du deckst mir den Tisch vor den Augen meiner Feinde. Du hast mein Haupt mit Öl gesalbt, übervoll ist mein Becher. Ja, Güte und Huld werden mir folgen mein Leben lang, und heimkehren werde ich ins Haus des Herrn für lange Zeiten.

Psalm 23,1–6

THOMAS HANSTEIN

Der Gott des Lebens

Der Gott des Lebens hat dich ausgestattet
mit äußeren und inneren Augen,
mit Organen der Wahrnehmung
für die Welt und für dich selbst.

Der Herr gebe dir Achtsamkeit
auf deinem Weg
und stärke deine Sinne,
er führe dich in Momenten
der Unsicherheit
und trage dich in Zeiten
der Verlorenheit,
er ermutige dich in Situationen
der Verzagtheit
und befreie dich von aller Enge und Angst.

Der Gott der Zuversicht
erhalte dir deine Wachsamkeit
und richte dich auf,
wenn Menschen und Umstände
dich zu krümmen drohen.
Er halte in dir die Sehnsucht
nach dem Leben wach,
den Glauben, die Hoffnung
und die Liebe.

Und so sollst du dir,
den Menschen und Gott
ein Segen sein und zum Segen werden.
Sei gesegnet –
heute und alle Tage deines Lebens.

MARIA PREAN

Der Sprung im Krug

Es war einmal eine alte chinesische Frau. Sie trug eine große Stange über ihren Schultern, an deren Enden zwei große Krüge hingen. Einer der Krüge hatte einen Sprung, während der andere makellos war und stets eine volle Portion Wasser fasste. So war am Ende der langen Wanderung vom Fluss zum Haus der eine Krug immer nur halb voll.

Zwei Jahre lang ging das so: Die alte Frau bekam täglich nur eineinhalb Krüge mit Wasser nach Hause. Der makellose Krug war natürlich sehr stolz auf seine Leistung, aber der andere mit dem Sprung schämte sich wegen seines Mangels und war betrübt, dass er nur die Hälfte dessen verrichten konnte, wofür er gemacht worden war. Nach zwei Jahren, die ihm wie ein endloses Versagen vorkamen, sprach der Krug zu der alten Frau: „Ich schäme mich so sehr wegen meines Sprunges, aus dem auf dem Weg zu deinem Haus das Wasser läuft."

Die alte Frau lächelte. „Ist dir aufgefallen, dass auf deiner Seite des Weges Blumen blühen, aber auf der des anderen Kruges nicht? Ich habe auf deiner Seite Blumensamen gesät, weil ich mir deines Makels bewusst war. Nun gießt du sie jeden Tag, wenn wir nach Hause laufen. Schon seit zwei Jahren kann ich diese wunderschönen Blumen pflücken und meinen Tisch damit schmücken. Wenn du nicht genau so wärst, wie du bist, würde diese Schönheit nicht existieren und unser Haus beehren."

Jeder von uns hat seine ganz eigenen Mängel und Fehler, aber es sind die Risse und Sprünge, die unser Leben so interessant und lohnenswert machen.

IGNATIUS VON LOYOLA

Nimm, Herr

Nimm, Herr, und empfange meine ganze
Freiheit,
mein Gedächtnis, meinen Verstand
und meinen ganzen Willen,
all mein Haben und Besitzen.
Du hast es mir gegeben;
dir, Herr, gebe ich es zurück.
Alles ist dein, verfüge
nach deinem ganzen Willen.
Gib mir deine Liebe und Gnade,
denn dies genügt mir.

REISETIPP

WALLFAHRTSKIRCHE MARIA AM STEIN IN DOBRATSCH

Die Kapelle „Heilige Maria am Heiligen Stein“, die auch als Deutsche Kirche bezeichnet wird, liegt westlich der Stadt Villach auf dem Gipfel des Dobratsch, einem 2167 m hohen Bergmassiv in Kärnten am Ostende der Gailtaler Alpen. Damit ist sie die höchste Bergkirche Europas. Errichtet wurde sie von Bleiberger Bergknappen und Bauern aus den Dörfern westlich von Villach zum Gedenken an eine wunderbare Begebenheit: An dieser Stelle soll die Muttergottes, auf einem Stein sitzend und mit einem Hirtenstab in der Hand, einem Hirten in Not erschienen sein. Die bei diesem „heiligen Stein“ gebaute Kapelle wurde 1692 geweiht. Um 1731 wurde über der ursprünglichen Kapelle eine gemauerte Kapelle errichtet. In der halbrunden Nische unter einem Baldachin befindet sich der kleine Barockaltar. Er enthält das Gnadenbild der aus Holz geschnitzten thronenden Madonna.

November

Mi	1	Allerheiligen	Harald IV., Arthur O'Nelly, Luitpold von Lautbrunn
Do	2	Allerseelen	Angela von Stolberg, Justus von Triest, Margareta von Lothringen
Fr	3		Hubert von Lüttich, Rupert Mayer, Silvia, Martin von Porres
Sa	4		Karl Borromäus, Gregor von Burtscheid, Reinhard von Siegburg
So	5	31. So. im Jahreskreis	Bernhard Lichtenberg, Emmerich v. Ungarn (Heinrich), Berthild v. Celles
Mo	6		Leonhard von Noblat, Rudolf von Büren, Christine von Stommeln
Di	7		Ernst von Neresheim, Engelbert I. von Köln, Karina von Angora
Mi	8		Gregor v. Einsiedeln, Gottfried v. Amiens, Johannes Duns Skotus
Do	9		Roland von Hasnon, Theodor von Euchaïta, Elisabeth von Dijon
Fr	10		Leo I. der Große, Justus von Rochester, Johannes Skotus
Sa	11	Martinstag	Martin von Tours, Menas, Heinrich von Heisterbach
So	12	32. So. im Jahreskreis, Volkstrauertag	Josaphat Kunzewitsch, Renatus v. Angers (René), Ämilian v. Cogolla
Mo	13		Stanislaus Kostka, Carl Lampert, Wilhelm von Niederaltaich
Di	14		Alberich von Utrecht, Bernhard Letterhaus, Maria Merkert
Mi	15		Albert d. Große, Marinus, Leopold III. d. Fromme, Magdalena Morano
Do	16		Margareta v. Schottland, Otmar v. St. Gallen, Walter v. Dornberg
Fr	17		Gertrud von Helfta, Hilda von Whitby, Viktoria von Córdoba
Sa	18		Odo v. Cluny (Otto), Philippine Rose Duchesne, Romanus v. Cäsarea
So	19	33. So. im Jahreskreis	Elisabeth v. Thüringen, Mechthild v. Hackeborn, David v. Augsburg
Mo	20		Bernward v. Hildesheim, Edmund v. Ostanglien, Korbinian v. Freising
Di	21		U. L. Frau in Jerusalem, Johannes von Meißen, Rufus von Rom
Mi	22	Buß- und Bettag	Cäcilia, Salvator Lilli, Aleydis (Adelheid, Elke), Philemon v. Kolossä
Do	23		Klemens I., Felicitas, Kolumban der Jüngere, Detlev von Parkentin
Fr	24		Albert I. von Lüttich, Andreas Dung-Lac, Flora, Augustin Schoeffler
Sa	25		Katharina v. Alexandrien, Niels Stensen, Egbert, Elisabeth v. Reute
So	26	Christkönigssonntag	Konrad u. Gebhard II. v. Konstanz, Ida v. Köln, Adalbert v. Oberalteich
Mo	27		Oda v. Brabant (Ute), Bilhild v. Altmünster, Modestus v. Kärnten
Di	28		Berta von Bingen, Gunther von Melk, Rufus
Mi	29		Friedrich v. Regensburg, Jutta v. Heiligenthal, Jolanda v. Aywières
Do	30		Apostel Andreas, Benjamin, Gerwald und Folkart (Volker)

WIRKLICHES LEBEN

PAPST BENEDIKT XVI.

Ewiges Leben ist wirkliches Leben

In der Abschiedsrede des Johannes steht zunächst der Satz: „Dies ist das ewige Leben, dass sie dich erkennen, den alleinigen, wahren Gott, und den du gesandt hast, Jesus Christus“ (Joh 17,3). Jeder Mensch möchte leben. Möchte wirkliches, gefülltes Leben, das sich lohnt, das Freude ist. Mit der Sehnsucht nach Leben ist zugleich der Widerstand gegen den Tod verbunden, der dennoch unausweichlich ist.
Wenn Jesus vom ewigen Leben spricht, dann meint er das eigentliche, das wirkliche Leben, das zu leben sich lohnt. Dann meint er nicht einfach das Leben, das nach dem Tod kommt. Er meint die eigentliche Weise des Lebens, ein Leben, das ganz Leben und daher dem Tod entzogen ist, aber durchaus schon in dieser Welt beginnen kann, ja, in ihr beginnen muss: Nur wenn wir jetzt eigentlich zu leben lernen, jenes Leben erlernen, das der Tod nicht nehmen kann, hat die Ewigkeitsverheißung Sinn.
Aber wie geschieht das? Was ist das eigentlich, das wahrhaft ewige Leben, dem der Tod nichts anhaben kann? Die Antwort Jesu haben wir gehört: Das ist das wahre Leben, dass sie dich erkennen – Gott – und deinen Gesandten Jesus Christus. Leben ist Erkenntnis, wird uns da zu unserer Überraschung gesagt. Das bedeutet zunächst: Leben ist Beziehung. Keiner hat es aus sich selbst und nur für sich selbst. Wir haben es vom anderen her, in der Beziehung zum anderen. Wenn sie Beziehung in der Wahrheit und in der Liebe ist, Geben und Empfangen, gibt sie dem Leben Fülle, macht es schön. Aber die Zerstörung der Beziehung durch den Tod kann gerade darum besonders schmerzhaft sein, das Leben selbst infrage stellen. Nur die Beziehung zu dem, der selbst das Leben ist, kann auch mein Le-

EWIGES LEBEN – WAS IST DAS?

Bei „ewig“ denken wir an Endlosigkeit, und die schreckt uns; bei Leben denken wir an das von uns erfahrene Leben, das wir lieben und nicht verlieren möchten und das uns doch zugleich immer wieder mehr Mühsal als Erfüllung ist, sodass wir es einerseits wünschen und zugleich doch es nicht wollen. Wir können nur versuchen, aus der Zeitlichkeit, in der wir gefangen sind, heraus zu denken und zu ahnen, dass Ewigkeit nicht eine immer weitergehende Abfolge von Kalendertagen ist, sondern etwas wie der erfüllte Augenblick, in dem uns das Ganze umfängt und wir das Ganze umfangen. Es wäre der Augenblick des Eintauchens in den Ozean der unendlichen Liebe, in dem es keine Zeit, kein Vor- und Nachher mehr gibt.

Papst Benedikt XVI.

ben über die Wasser des Todes halten, mich lebendig durch sie hindurchführen. Schon in der griechischen Philosophie gab es den Gedanken, der Mensch könne dann ewiges Leben finden, wenn er sich an das anhängt, was unzerstörbar ist – an die Wahrheit, die ewig ist. Er müsse sich gleichsam mit Wahrheit anfüllen, um den Stoff der Ewigkeit in sich zu tragen. Aber nur wenn die Wahrheit Person ist, kann sie mich durch die Nacht des Todes hindurchtragen. Wir halten uns an Gott fest – an Jesus Christus, den Auferstandenen. Dann sind wir von dem getragen, der das Leben selber ist. In dieser Beziehung leben wir, auch durch den Tod hindurch, weil der uns nicht verlässt, der das Leben selber ist.

PATER DR. ECKHARD BIEGER SJ

1. November – Allerheiligen

Der 1. November ist im 9. Jahrhundert durch Ludwig den Frommen im Frankenreich eingeführt worden. Dieser Festtermin hatte sich in Irland entwickelt, wohl im Zusammenhang damit, dass der 1.11. der Beginn des Winters und damit auch des neuen Jahres war. Daher erklärt sich, warum Halloween am Vorabend des 1. November so wie Silvester vor dem 1. Januar durch Ausgelassenheit geprägt ist.

Allerheiligen ist in seiner Aussage auf Ostern bezogen. Es ist kein Tag des Totengedächtnisses, sondern man feiert das neue Leben, in das die Heiligen gelangt sind und das allen Christen verheißen ist. Die Heiligen werden als zur Kirche zugehörig betrachtet. Man spricht von der triumphierenden oder der himmlischen Kirche. Sie bildet mit der pilgernden Kirche die eine Kirche. Diese wird an Allerheiligen gefeiert.

Die Liturgie ist durch zwei Texte geprägt, die dem Tag einen besonderen Charakter verleihen. Es werden aus der Geheimen Offenbarung das 7. Kapitel und aus dem Matthäusevangelium die Seligpreisungen gelesen (Mt 5,1–11). Der bildhafte Text von den Engeln, die die Erlösten in weißen Gewändern in den Himmel geleiten, zeigt die Vollendung, in die diese Menschen aufgenommen sind:

„Dann sah ich: eine große Schar aus allen Nationen und Stämmen, Völkern und Sprachen; niemand konnte sie zählen. Sie standen in weißen Gewändern vor dem Thron und vor dem Lamm und trugen Palmzweige in den Händen. Sie riefen mit lauter Stimme: Die Rettung kommt von unserem Gott, der auf dem Thron sitzt, und von dem Lamm. Und alle Engel standen rings um den Thron, um die Ältesten und die vier Lebewesen (Offb. 7,9–11).

Tipp von Sr. Hedwig

QUITTEN

Quitten gehören zu den letzten Früchten im heimischen Erntekalender. Geerntet werden sie im Spätherbst. Für die Verarbeitung der Früchte zu Gelee und Kompott dürfen sie nicht zu reif abgenommen werden, weil sonst das in den Früchten vorhandene Pektin zu stark abgebaut ist und keine genügende Gelierwirkung mehr vorhanden ist. Knapp reif geerntete Früchte lassen sich bis zwei Monate lagern, allerdings separat von anderen Früchten, weil sie durch das starke Aroma beeinträchtigt würden.
Für viele Rezepte können Quitten mit Schale verarbeitet werden. Die Garzeit für grobe Stücke beträgt 20 bis 30 Minuten. Quitten sind nur in gekochtem Zustand genießbar. Ihr köstlich duftendes Aroma wird bei einer Vielzahl von Produkten geschätzt, beispielsweise bei Kompott, Gelee, Marmelade, Süßmost sowie beim Backen, bei Likör und Eingelegtem.

LUDWIG UHLAND

Der Herbststurm

Der Herbststurm braust durch Wald
und Feld,
die Blätter fallen nieder
und von dem dunklen Himmelszelt
sehn schwarz die Wolken nieder.

Sankt Martin reitet dann sein Pferd
so schnell die Wolken eilen;
in seiner Rechten blitzt das Schwert,
die Nebel zu zerteilen.

Das Schwert, womit als Reitersmann
den Mantel er zerschnitten,
den er geschenkt dem armen Mann
und weiter ist geritten.

Norbert Lammert

Norbert Lammert kam 1948 in Bochum zur Welt. Er studierte Sozialwissenschaften und wurde 1980 für die CDU erstmals in den Bundestag gewählt, dem er bis 2017 angehörte. Von 2005 bis 2017 war Lammert Präsident des Deutschen Bundestages. Der bekennende Katholik und Vater von vier Kindern übersetzte als Geschenk für seine Frau, die Deutsch und katholische Religion unterrichtet hat, zur Silberhochzeit die Grundgebete der Messe neu. Die Texte veröffentlichte er in dem Buch „Ich glaube an Gott“. Seit 2018 ist Lammert Vorsitzender der Konrad-Adenauer-Stiftung. Im Jahr 2007 erhielt er als Erster die Thomas a Kempis-Stele, die Menschen in der Nachfolge Christi würdigt. Am 16. November feiert Norbert Lammert seinen 75. Geburtstag.

Bernhard Lichtenberg

„Die Taten eines Menschen sind die Konsequenzen seiner Grundsätze. Sind die Grundsätze falsch, werden die Taten nicht richtig sein.“ Mit diesen Worten besiegelte sich 1941 während einer Vernehmung bei der Gestapo das Schicksal des deutschen Priesters. Für seinen öffentlichen Einsatz während des Nationalsozialismus sprach Papst Johannes Paul II. ihn 1996 selig. Sein Tod vor 80 Jahren, am 5. November 1943, wird heute als Gedenktag begangen. 67 Jahre zuvor kam der Berliner Domprobst im schlesischen Ohlau zur Welt. Er studierte in Innsbruck sowie Breslau katholische Theologie. 1899 wurde Lichtenberg zum Priester geweiht. Berlin wurde bereits ein Jahr später die private und berufliche Heimat des Priesters. So war Lichtenberg im Ersten Weltkrieg Militärgeistlicher in Charlottenburg, weshalb ihm die Verdienstmedaille des Roten Kreuzes zuteilwurde. In den 1920er- und 1930er-Jahren wirkte der Domprobst auch im politischen Geschehen der Hauptstadt. Nach den Ausschreitungen im November 1938 betete Lichtenberg öffentlich jeden Sonntag für alle Verfolgten der Nazidiktatur. Im Anschluss an das Verhör der Gestapo saß der Priester eine zweijährige Haftstrafe ab. Als er 1943 in das Konzentrationslager Dachau überführt wurde, kam er aufgrund seines schlechten Gesundheitszustandes in das Hofer Krankenhaus, wo er kurz darauf starb.

AUS DER KÜCHE VON

Martina Bamberger

Pfarrhaushälterin in Thalgau

Nusszwieback

für 4 Personen

ZUTATEN

3 ganze Eier	200 g Rosinen
200 g Puderzucker	400 g Walnüsse
240 g Mehl	

ZUBEREITUNG

Die Eier, den Zucker und das Mehl verrühren, danach Rosinen und ganze Walnüsse dazumischen. Ein Backblech mit Backpapier auslegen und darauf drei gleichmäßige Stangen aus der Masse formen. Im bei 180 °C vorgeheizten Ofen ungefähr 30 bis 35 min backen. Auskühlen lassen und in knapp ein Zentimeter breite Stücke schneiden.

Küchentipps

Nüsse richtig lagern

Da Nüsse leicht verderblich sind, sollte auf ihre Lagerung besonders geachtet werden. Ein dunkler, trockener und kühler, möglichst luftiger Platz eignet sich am besten. Vor allem schon geschälte, geriebene oder gehackte Nusskerne sind besonders empfindlich. Sonst besteht die Gefahr, dass die Nüsse schimmeln, ranzig werden oder gar gesundheitsgefährdende Stoffe bilden.

Eingefrorene Nüsse

Bereits geschälte oder gehackte Nüsse können auch eingefroren werden. So kann man die leicht verderblichen Kerne bis zu 12 Monate lagern.

PETER BIQUÉ

Die Reise nach Alpha Kentauri

„Der Schub des rasanten Raketenstarts drückt mich fest und tief in meinen Pilotensitz hinein. Mein Magen fühlt sich an wie ein schwarzes Loch.“

„Aber Bernemann“, sagte ich, „wo hast du denn gelernt, so eine Sprache zu führen?“

„Ich hab mich lange mit der Weltraumkunde beschäftigt.“

„Wie geht das denn?“, wandte ich ein. „Du bist sieben Jahre alt und kannst kaum richtig lesen.“

Bernemann saß auf dem Wohnzimmersofa vor meinem aufgeklappten Laptop und betätigte ein paar Tasten. Auf dem schwarzen Bildschirm wirbelten massenhaft weiße Zahlen durcheinander.

„Stör mich jetzt bitte nicht mehr“, japste Bernemann mit Nachdruck. „Ich simuliere meinen Flug nach Alpha Kentauri.

„Ich hab mit Olaf zusammengesessen und mit ihm über Weltraumreisen gesprochen.“ Olaf war unser Nachbarjunge. Er war schon neun und ein regelrechter Flugtechnikfanatiker. Ich selbst, mit meiner legendären Flugangst, konnte so etwas zwar nicht nachvollziehen, aber die jungen Leute haben ja heutzutage einen anderen Blick auf die moderne Welt. Da würde ich mich nicht einmischen. Da konnte ich mich mit meiner Kenntnislosigkeit nur blamieren.

„Ich simuliere einen Flug zum Stern Alpha Kentauri“, gab der Knirps bekannt und fuchtelte wichtigtuerisch mit seinem rechten Zeigefingerchen durch die Lüfte.

„Soso“, murmelte ich verwundert, „du fliegst also nach Alpha Kentauri.“

„Ich hab Alpha Kentauri schon gesehen“, sagte der kleine Kumpel Bernemann, „als ich mit Tante Frieda und Onkel Franz im Planetarium war.“

„Ja, ich weiß, dass ihr dort wart.“

„Im Planetarium hast du eine irre coole Aussicht auf die Weltraumsterne. Das ist besser, als wenn du hier nachts in den Himmel schaust.“

„Weil keine Stadtlichter den Blick verfälschen und weil es keine Wolken gibt.“

„Genau.“ Der Schlaumeier drückte wieder etliche Tasten auf meinem Laptop. In schwindelerregender Folge sausten Zahlen über Zahlen auf dem Bildschirm herum. „Stör mich jetzt bitte nicht mehr“, japste Bernemann mit Nachdruck. „Ich simuliere meinen Flug nach Alpha Kentauri. Wenn ich einmal groß bin, werde ich nämlich Weltraumfahrer.“

„Na gut, ich ziehe mich zurück.“

Ich verließ das Wohnzimmer, indem ich noch einen Blick zurück warf auf den jungen Weltraumreisenden und meinen zweckentfremdeten Laptop.

Hoffentlich, dachte ich, setzt ihm der Nachbarjunge Olaf keine extrem überkandidelten Flausen in den Kopf. Ein siebenjähriger Junge im Haus, der immerzu unterwegs ist nach fremden Welten in unendlichen Weiten – ich hatte keine Ahnung, wie lange ich das durchhalten würde. Und irgendwann brauchte ich meinen Laptop ja vielleicht auch selbst wieder.

„Du, Peter?"

Der Weltraumfahrer war mir gefolgt und stand nun in der Wohnzimmertür.

„Ja, Bernemann?"

„Was gibt's denn heute am Abend zu essen?"

Ach ja. Manchmal hat auch ein Held des Universums ganz irdische Momente. Das machte mir Hoffnung.

PETER BIQUÉ

Nach Amerika

„Du, Peter?"

„Ja, Bernemann?"

„Fährst du mit mir in den Wilden Westen?"

„Das geht leider nicht."

„Warum denn nicht?"

„Weil's den Wilden Westen nicht mehr gibt."

Wir saßen im Wohnzimmer nebeneinander auf dem Sofa und vor dem Fernseher, der kleine Kumpel Bernemann und ich, und warteten darauf, dass das Pokalspiel anfing. Das mit dem Wilden Westen war wieder mal so eine typische Bernemann-Idee. Wahrscheinlich hatte er sie aus der Schule mitgebracht, wo er in die erste Klasse ging. Alle paar Tage brachte er eine neue Idee dieses Kalibers heim, und ich durfte sie ihm dann ausreden.

> Das mit dem Wilden Westen war wieder mal so eine typische Bernemann-Idee. Wahrscheinlich hatte er sie aus der Schule mitgebracht ...

„Wieso", hakte der kleine Kumpel jetzt nach, „gibt's denn den Wilden Westen nicht mehr? Ich hab doch gerade gestern einen Film mit einem Sheriff und einer Rinderräuberbande gesehen, und ein paar Indianer haben auch mitgespielt. Der Bastian aus meiner Klasse hat den Film auch gesehen."

„Das war ein Film über eine alte Zeit, Bernemann. Ich versichere dir, dass es den Wilden Westen nicht mehr gibt. Das ist schon knapp hundertfünfzig Jahre vorbei."

„Und warum ist das vorbei?"

„Die Zeit, Bernemann, die Zeit. Der Wilde Westen hat sich mit der Zeit überlebt."

„Aber Indianer gibt's doch immer noch?"

„Natürlich gibt's noch Indianer. Die weißen Männer haben zum Glück nicht alle massakrieren können. Und auch die Ureinwohnerinnen und Ureinwohner Amerikas haben das Kriegsbeil schon lange begraben. Winnetou und Tecumseh und Cochise sind nicht mehr unterwegs auf der weiten Prärie."

„Echt ätzend."

„Die modernen Indianer“, sagte ich, „wohnen in Häusern aus Holz oder Stein, und sie arbeiten in Büros oder auf dem Bau oder für den Tourismus, und heutzutage bekommen sie sogar ein Ministeramt in Washington.“
„Total unterirdisch“, fand Bernemann. „Und du bist dir da ganz sicher? Weißt du das auch ganz genau?“
„Großes Ehrenwort, mein Guter. Es ist so, wie ich es sage.“
„Voll uncool, ehj. Alles, was einmal schön war, verschwindet von der Bildfläche. Daran seid bestimmt ihr Erwachsenen schuld.“
„Ich habe damit nichts zu tun. Ich war noch nie in Amerika.“
Die Mannschaften betraten nun, zweimal elf Mann hintereinander, das Spielfeld. Vorneweg marschierten die drei Schiedsrichter. Der in der Mitte hatte den Ball in der Hand. Dann stellten sich alle in einer Reihe nebeneinander auf. Nach ein paar Sekunden löste sich, warum auch immer, diese Versammlung auf, die Spieler gingen umher und klatschten sich ab, sie hopsten ein wenig herum, während die Mannschaftskapitäne sich derweil mit dem Schiedsrichter trafen, sie schüttelten sich heuchlerisch die Hände, und der Schiedsrichter warf eine Münze in die Luft. Der Kapitän unseres Teams wies mit dem ausgestreckten Arm auf das linke Tor, und die anderen Jungs sortierten sich entsprechend ein. Gleich würde es losgehen.
„Aber Amerika“, murmelte Bernemann, „wenigstens Amerika.“
„Was meinst du, mein Junge?“
„Fährst du mit mir nach Amerika?“
„Später“, sagte ich. „Jetzt wollen wir uns erst einmal das Spiel ankucken.“

Aus Lateinamerika

Gebet

In den Tagen der Angst
und der Einsamkeit,
in schwierigen Übergängen
und in Bedrängnis
gibst du, Herr, mir Stärke.
Immer bist du, Herr,
die Freude in meinem Leben
und der Friede auf meinem Weg.

REISETIPP

SEELENKAPELLE IN OBERSTDORF

Das frühere Beinhaus inmitten des alten Friedhofs in Oberstdorf im Allgäu ist die zweitälteste der Kapellen des Ortes. Seit 1931 wird die Kapelle zum Gedenken an die Opfer der Kriege und zu stiller Einkehr genutzt.
Die aufwendig als Bilderwand gestaltete Fassade aus der Renaissancezeit mit Architekturgliederung und Bemalung stellt Szenen der Leidensgeschichte Jesu dar. Darüber steht eine überlebensgroße Schnitzfigur des Erzengels Michael, der ein betendes Menschenkind in den Himmel geleitet. In den seitlichen Nischen sind das Abendmahl, Jesus und Petrus mit dem Schwert und die Übergabe der 30 Silberlinge durch die Hohepriester an Judas zu sehen. Die Kirchenpatrone Johannes der Täufer und Agnes stehen in Nischen neben der Darstellung des Gartens Getsemani in der Hauptnische mit den gemalten Soldaten und Judas im Hintergrund.

Dezember

Fr	1		Charles de Foucauld, Natalie v. Nikomedien, Blanca (Bianca) v. Kastilien
Sa	2		Luzius von Chur, Bibiana von Rom, Jan (Johannes) von Ruysbroek
So	3	1. Adventssonntag	Franz Xaver, Emma von Lesum, Gerlind von Elsass
Mo	4		Barbara, Adolph Kolping, Johannes von Damaskus
Di	5		Anno II. von Köln, Hartwig von Salzburg, Reginhard von Lüttich
Mi	6	Nikolaus	Nikolaus von Myra, Henrika Faßbender, Dionysia von Tunis, Zefanja
Do	7		Ambrosius von Mailand, Gerald von Ostia, Sabinus von Spoleto
Fr	8	Mariä Unbfl. Empfängnis	Elfriede, Edith und Sabina, Konstantin von Orval
Sa	9		Juan Diego Cuauhtlatoatzin, Liborius Wagner, Valeria von Limoges
So	10	2. Adventssonntag	Angelina v. Krusedol, Bruno v. Rommersdorf, Pierre Fourier (Petrus)
Mo	11		Damasus I., Arthur Bell, David von Himmerod, Tassilo III.
Di	12		Dietrich von Kremsmünster, Ida von Nivelles, Hartmann von Brixen
Mi	13		Luzia, Odilia (Ottilie), Jodok (Jobst, Jost), Benno Koglbauer
Do	14		Johannes vom Kreuz, Franziska Schervier, Berthold von Regensburg
Fr	15		Christiane v. Georgien (Nina), Carlo Steeb, Virginia, Wunibald
Sa	16		Adelheid (Elke), Dietrich von Rommersdorf, Noach (Noah)
So	17	3. Adventssonntag	Jolanda v. Marienthal, Wiwina v. Brüssel (Viviana), Sturmius v. Fulda
Mo	18		Philipp v. Ratzeburg, Desiderius v. Fontenelle, Wunibald v. Heidenheim
Di	19		Susanna, Benjamin, Konrad von Lichtenau, Petrus von Arolsen
Mi	20		Hoger v. Hamburg-Bremen (Holger), Regina Hueter, Dominikus v. Silos
Do	21	Winteranfang	Micha, Hagar, Richard von Adwerth
Fr	22		Jutta von Sponheim, Marian der Schotte, Franziska Xaviera Cabrini
Sa	23		Johannes v. Krakau, Viktoria v. Rom, Dagobert II., Ivo v. Chartres
So	24	4. Adventssonntag, Heiliger Abend	Adam und Eva, Adelbert, Hanno von Worms
Mo	25	Geburt d. Herrn, Weihnachten	Anastasia die Ältere, Eugenia von Rom
Di	26	2. Weihnachtstag, A: Stefanitag	Erzmärtyrer Stephanus, Richlind von Ormsheim
Mi	27		Apostel u. Evang. Johannes, Fabiola v. Rom, Rudger v. Verdun (Rüdiger)
Do	28	Unschuldige Kinder	Hermann und Otto von Niederaltaich, Julius von Rom
Fr	29		Thomas Becket, Tamar(a), David, Isai (Jesse), Lothar I.
Sa	30		Richard von Arnsberg, Felix I., Germar von Fly
So	31	Silvester, Hl. Familie	Silvester I., Melanie d. J., Apollonia Radermecher

DEN WEG BEREITEN

JÖRG SIEGER

Göttlicher Straßenbau – die Erlösung naht

Eine Straße? Quatsch, das ist keine Straße! Um eine einfache Straße zu bauen, hat man noch nie ganze Schluchten auffüllen oder gar Berge abtragen müssen.
Was da im Evangelium geschildert wird, das ist kein einfacher Straßenbau, das erinnert viel eher an die Baustelle für eine Autobahn. Wenn eine neue Autobahntrasse errichtet wird, da werden Hügel einplaniert, ganze Täler aufgefüllt und Landschaften total umgekrempelt. Aber was soll solch ein Autobahnprojekt in einer Wüste? Und dann auch noch lediglich für einen Mann? Bereitet dem Herrn den Weg, baut eine Autobahn für ihn!? Klingt doch irgendwie beschuggt. Selbst ein König hat nur zwei Füße, und zwei Füße haben Platz auf jedem Pfad. Und wenn es denn unbedingt eine Staatskarosse sein soll, reicht ein einfaches Sträßlein in der Wüste allemal. Man baut doch keine Autobahn, wenn nur ein Wagen darauf fahren soll!
Das haben nicht einmal die Könige des Mittelalters getan. Straßen haben sie auch gebaut, Prachtstraßen sogar – aber nie für einen Wagen. Ihr Wagen war dabei nicht einmal das Wichtigste. Große Straßen für Paraden hat man nicht im Blick auf den Wagen des Herrschers gebaut. Sie wurden für Massen gebaut, für Menschenmassen. Denn was wollte solch ein König auch mit einem Prunkwagen auf einer Straße entlangfahren, wenn keine Massen zugegen gewesen wären, Massen, die ihm zugejubelt hätten. Prunkstraßen wurden gebaut, damit die Massen staunen konnten – staunen über den Glanz und die Pracht des Herrschers.
Bereitet einen Weg in der Wüste, ruft Johannes. Und wenn wir genau hinschauen, dann entdecken wir auch bei ihm, dass es letztlich um nichts anderes geht.

ALLEN MENSCHEN GOTTES HEIL

Da erging in der Wüste das Wort Gottes an Johannes, den Sohn des Zacharias. Und er zog in die Gegend am Jordan und verkündete dort überall die Taufe der Umkehr zur Vergebung der Sünden, wie im Buch der Reden des Propheten Jesaja geschrieben steht:
Stimme eines Rufers in der Wüste: Bereitet den Weg des Herrn! Macht gerade seine Straßen! Jede Schlucht soll aufgefüllt und jeder Berg und Hügel abgetragen werden. Was krumm ist, soll gerade, was uneben ist, soll zum ebenen Weg werden. Und alle Menschen werden das Heil Gottes schauen.

Lukas 3,2–6

Es geht doch eigentlich gar nicht so sehr um den Herrn. Der kommt, ob mit oder ohne Straße. Es geht [...] letztlich um die Menschen, um die Massen. Denn das ist sein Zielsatz. Wie heißt's am Ende? Damit alle Menschen sehen können. Das ist der eigentliche Grund! Uns gilt diese Straße, denn Gott selbst will zu uns kommen und alle sollen es sehen. Nichts darf im Weg stehen, kein Hindernis soll es geben, damit alle, aber auch wirklich alle zu ihm finden! Eine Straße, die selbst höchstem Verkehrsaufkommen gerecht wird, solch eine Prachtstraße, die soll entstehen, selbst bis in die entlegensten Teile der Erde hinein.
Denn keiner soll auf der Strecke bleiben, keiner soll lange herumirren müssen. Es kommt nämlich der, der zu allen Menschen sagt – zu jedem Einzelnen und jeder Einzelnen auf dieser Welt, ganz egal ob schwarz oder weiß, ob evangelisch oder katholisch, zu allen, ganz egal auf welche Art sie ihn verehren, und selbst wenn sie noch gar nicht darum wissen, dass sie ihn verehren –, es kommt der Gott, der zu uns sagt: Du bist mein geliebter Sohn. Und du bist meine geliebte Tochter. Und der Weg zu mir soll dir weit offen stehen. Er soll für dich bereitet sein.

PATER DR. ECKHARD BIEGER SJ

Heiligabend und 25. Dezember

Das heutige Weihnachtsfest entstand in Rom, weil dort am Tag der Wintersonnenwende, der damals auf dem 25. Dezember lag, das Fest des „sol invictus", des „unbesiegten Sonnengottes", begangen wurde. Dieses Fest war erst 274 n. Chr. durch Kaiser Aurelian eingeführt worden. Der Kaiser ließ neben dem Mausoleum des Augustus einen Sonnentempel errichten. Das war der letzte Versuch, dem Römischen Reich eine gemeinsame religiöse Grundlage zu geben, nachdem viele neue Kulte aus dem Osten die Religion des alten Rom überwuchert hatten. Der Kaiser, der sich selbst als Gott verehren ließ, erhob den Sonnengott zum höchsten Gott und nannte diesen Gott „Herrscher des Römischen Reiches". Das war für diesen Soldatenkaiser naheliegend, weil der Sonnengott besonders im Heer verehrt wurde.

Um die Christen gegen dieses Fest zu immunisieren, setzte die Kirche dem heidnischen Sonnengott die „wahre Sonne", das „wahre Licht der Welt" entgegen. 336 ist das erste Jahr, in dem nachweislich am 25. Dezember in Rom Weihnachten gefeiert wurde, aus dem Jahr 354 ist eine Weihnachtspredigt des Papstes Liberius bekannt. Der 6. Januar als Weihnachtsfest im Osten des Römischen Reiches ist sicher älter. Trotzdem wurde das römische Fest von Konstantinopel im Jahr 379 übernommen, das Konzil von Konstantinopel bestätigt 381 diesen Termin.

Der 25. Dezember ist jedoch nicht nur als Überformung eines römischen Festes zu sehen. Die Geburt Jesu am Tag der Wintersonnenwende symbolisierte für die Menschen der damaligen Zeit, dass Gott mit diesem Kind das Leben neu entstehen lässt, ein Licht im Dunkeln entzündete.

Tipp von Sr. Hedwig

TANNENNADELN

Wer jetzt Tannennadeln sammelt und vom Baum zupft, kann damit einiges für die Gesundheit tun. Allerdings sollten Sie keine Tannennadeln aus Christbaumschonungen verwenden, da diese häufig gespritzt und behandelt sind.
Natürliche Tannenadeln enthalten ätherische Öle und eignen sich zum Inhalieren bei Erkältungskrankheiten. Sie geben einige Tannennadeln vermischt mit Kochsalz in einen Inhalator und gießen heißes Wasser darüber.
Auch ein Bad mit einem Sud aus Tannennadeln ist empfehlenswert. Sie nehmen ein Kilo Tannennadeln oder zerkleinerte Tannenzapfen und übergießen sie mit 5 Litern kaltem Wasser. Diese Mischung zum Kochen bringen, 30 Minuten kochen und abseihen. Den Absud setzt man dem Badewasser bei. Gut bei Erkältungen, Bronchitis, Grippe, außerdem beruhigend, ausgleichend und schlaffördernd.

ELLI MICHLER

Heilige Nacht

Uns droht zu verwirren
die Fülle der Zeichen:
die Sterne, der Glanz
und die Schönheit des Baums.
In Wahrheit kann uns nur Wärme
erreichen
in der Nähe des Stalls,
dieses einfachen Raums.
Erst hier wird das Wunder
uns wirklich zu eigen,
dem wir in Demut begegnen
mit Staunen und Schweigen.
Das Kind will uns segnen.

Joseph Mohr

Das sein Weihnachtslied „Stille Nacht, heilige Nacht“ um die ganze Welt ging, hat Joseph Mohr nicht mehr erlebt. Erstmals erklang es am Heiligen Abend 1818 in der Dorfkirche in Oberdorf bei Salzburg. Der Hilfsgeistliche Joseph Mohr (1792–1848) verfasste den Text, den sein Freund, der Lehrer, Messner und Organist Franz Xaver Gruber (1787–1863) nun vertonte. In der Christmette übernahm Mohr die Gitarrenbegleitung – die alte Orgel war ausgefallen – und sang Tenor. Gruber sang Bass und dirigierte den kleinen Chor. In Wagrain, seiner letzten Wirkungsstätte, veranlasste Mohr einen Schulneubau. Hier gründete er auch einen Fonds, der armen Kindern den Schulbesuch ermöglichte, rief einen Kirchenchor ins Leben und ergriff die Initiative für den Bau eines Armen- und Altenheims. Joseph Mohr starb von 175 Jahren am 4. Dezember 1848.

Gian Lorenzo Bernini

Bei acht Päpsten war der italienische Architekt während seines Lebens angestellt. So zählte Papst Urban VIII. zu Berninis bedeutendsten Förderern. Zwischen 1624 bis 1633 fertigte der Künstler den Baldachin über dem Petrusgrab im Petersdom an. Vor 425 Jahren, am 7. Dezember 1598, wurde Giovanni Lorenzo Bernini in Neapel geboren. Die Ausbildung fand in der Obhut seines Vaters statt. Bekanntheit erlang der Künstler mit den Skulpturen „Apollo und Daphne“ sowie „David“ bereits ab 1624. Bernini erbaute zudem mehrere Kirchen wie „Sant Andrea al Quirinale“ in Rom oder „Santa Maria Assunta“ in Ariccia. Wer der italienischen Metropole Rom einen Besuch abstattet, bestaunt mit Sicherheit den Vierströmebrunnen auf der Piazza Navona und den Petersplatz, Mittelpunkt der Vatikanstadt. All das stammt von Gian Lorenzo Bernini, verstorben am 28. November 1680.

Emily Brontë

Innerhalb nur eines Jahres schrieb die britische Autorin einen Großteil ihrer insgesamt zweihundert Gedichte. Dabei blieb sie stets hinter dem männlichen Pseudonym Ellis Bell versteckt. Emily Brontë wurde am 30. Juli 1818 in Thornton geboren. Ihr Vater, der Pfarrer Patrick Brontë, veröffentlichte selbst Bücher und Gedichte. Die Geschwister Brontë sind bis heute bekannt: Neben Emily entwickelten sich auch Charlotte, Branwell und Anne zu Schriftstellern. Das familiäre Umfeld unterstützte dieses Talent schon während der Kindheit. Emily Brontë galt als hochintelligente und introvertierte Frau. Sie arbeitete 1838 als Lehrerin am Internat „Law Hill“. Diese Tätigkeit gefiel Brontë nicht, weshalb sie sich kurz darauf wieder auf ihre literarischen Werke konzentrierte. Der einzige Roman der Autorin „Wuthering Heights“, veröffentlicht 1847, zählt zu den Klassikern englischer Literatur. Vor 175 Jahren, am 19. Dezember 1848, starb Brontë mit nur 30 Jahren.

AUS DER KÜCHE VON

Margaretha Manzl
Pfarrhausfrau i. Ruhe, Hopfgarten

Altwiener Schoko-Schnitten

für 4 Personen

ZUTATEN

Boden
- 150 g Zucker
- 5 Eiklar
- 1 Päckchen Vanillezucker
- 200 g Haselnüsse oder geschälte Mandeln
- evtl. 1 Prise Salz

Belag
- 100 g Butter
- 150 g Zucker
- 5 Dotter
- 150 g zerlassene Milch- oder Kochschokolade

ZUBEREITUNG

Eiklar mit Zucker und Vanillezucker steif schlagen und gemahlene Nüsse unterheben. Fingerdick auf ein Blech streichen, 12–15 min bei 175 °C backen. Für den Belag Butter, Zucker und Dotter sehr schaumig rühren und zerlassene Schokolade einrühren. Die Masse auf den vorgebackenen Boden streichen und für 10–15 min in den Ofen geben und backen, bis sich eine Kruste bildet, die einreißt.

Küchentipps

Schokolade schmelzen

Das Schmelzen von Schokolade mit heißem Wasser gelingt garantiert immer. Einen etwa zu einem Drittel mit Wasser gefüllten Topf erhitzen und eine Schüssel mit Schokolade hineinstellen. Wenn die unteren Stücke geschmolzen sind, kann man den Herd ausstellen und die Restwärme nutzen. Wasser sollte nicht in die Schokolade gelangen, da diese sonst grießig wird.

Schnelle Leckerei

Eine schnelle Leckerei: Schokolade im Wasserbad schmelzen, Cornflakes hineinstreuen und kleine Häufchen auf Backpapier setzen und trocknen lassen.

Butter

Ist die Butter zum Backen zu hart, lässt sie sich leichter verarbeiten, wenn man sie mit einer Küchenreibe raspelt.

HANNA BUITING

Adventsübung

Trotz Lichterglanz und Zuckerguss will ich nicht vergessen: Wir leben in Puzzlestücken. Alles ist Stückwerk. Und nur zusammengenommen, zusammengelebt, zusammengeliebt kann daraus ein Kunstwerk werden. Mein Blick soll über den Plätzchentellerrand hinausreichen. Mein Leben nicht bloß nach Vanille schmecken.
Mein Patenkind fragte neulich: „Warum werden manche Babys im Stall geboren?" Und ich hatte keine Antwort.
Auf dem Parkplatz des Supermarktes fragte mich gestern eine obdachlose Frau: „Kann ich heute bei dir schlafen?" Und ich hatte keine Antwort.
Eine Freundin fragte mich mal: „Glaubst du an Gott oder willst du nur an ihn glauben?" Und ich hatte keine Antwort.
Doch ihre Fragen werden mir zum Zeichen. Anzeichen für das Lückenhafte im Leben. Die Sehnsucht nach Wahrhaftigkeit. Und deswegen ist es das, was ich im Advent üben will: Wach bleiben. Ich will hinsehen, hinhorchen und hinfühlen. Mich aussetzen. Der Erwartung. Dem Sehnen. Dem Unvollkommenen. Auf dass aus den Puzzlestücken, dem Stückwerk, vielleicht irgendwann ein Kunstwerk wird. Vielleicht zu Weihnachten.

Tipp

Auch wenn Sie gerade keine Lösung für eine unbeantwortete Frage haben: Bleiben Sie im Gespräch! Bewegen Sie die Fragen in Ihrem Herzen!

ADVENT – ZUVERSICHTLICHE HOFFNUNG

Diese Zeit im Jahr ist wohl jene, die am meisten mit Sehnsüchten und Hoffnungen verbunden ist. Nicht nur für Kinder sind der Advent und die Weihnachtszeit etwas besonders Kostbares. Erwachsene lassen sich ebenso von der Vorfreude anstecken, und viele denken gerne an ihre Kindheit zurück. Vielleicht ist es eine Idee, wirklich einmal wieder die Vorweihnachtszeit wie ein Kind zu sehen: dem Geheimnisvollen Raum geben und sich ganz bewusst Zeit zu nehmen für das Backen von Keksen, das abendliche Anzünden der Kerzen am Adventskranz oder den Besuch einer Rorate am frühen Morgen. Was es auch ist: Der kindlichen Sehnsucht Raum zu geben tut gut – auch einem Erwachsenen!

Maria Radziwon

GISELA BALTES

Adventswunsch

Ich wünsche dir,
im Getriebe der Vorweihnachtszeit
still zu werden,
Körper und Geist zu entspannen.

Lass die Hektik des Alltags
von dir abfallen
und deine Gedanken
zur Ruhe kommen.

Halte dich fern
von Zeitdruck und Hektik,
damit du zu dir selbst findest,
zu Gelassenheit und innerem Frieden.

Spüre der Stille nach,
die immer schon in dir ist,
damit du im Schweigen
Gottes Stimme in dir vernimmst.

DINO BUZZATI

Die Nacht im Dom

„Wer klopft am Weihnachtsabend an die Domtür?", fragte sich Don Valentino. „Haben die Leute noch nicht genug gebetet? Was für eine Sucht hat sie ergriffen?"

Mit diesen Worten ging er öffnen, und mit einem Windstoß trat ein zerlumpter Mann herein.

„Wie viel von Gott ist hier!", rief er lächelnd aus und sah sich um. „Wie viel Schönheit! Man spürt es sogar von draußen. Monsignore, könnten Sie mir nicht ein wenig davon abgeben? Denken Sie, es ist der Heilige Abend."

Nichts. Auch draußen keine Spur von Gott, wiewohl es Weihnachten war. Keine Glocken, keine Lieder.

„Das gehört Seiner Exzellenz, dem Erzbischof", antwortete der Priester. „Er braucht es in wenigen Stunden.

Seine Exzellenz lebt schon wie ein Heiliger, du wirst doch nicht verlangen, dass er jetzt auch auf Gott verzichtet! Und außerdem bin ich niemals Monsignore gewesen."

„Und auch nicht ein kleines bisschen könnten Sie mir geben, Hochwürden? Es ist so viel davon da! Seine Exzellenz würde es gar nicht einmal merken!"

„Nein, habe ich gesagt ... du kannst gehen ... der Dom ist für die Allgemeinheit geschlossen", und er geleitete den Armen mit einem Fünf-Lire-Schein hinaus. Aber als der Unglückliche aus der Kirche hinausging, verschwand im gleichen Augenblick auch Gott. Bestürzt schaute sich Don Valentino um und forschte in den dunklen Gewölben: Selbst da oben war Gott nicht mehr. Dieser prächtige Apparat von Säulen, Statuen, Baldachinen, Altären, Katafalken, Leuchtern und Drapierungen, sonst immer so geheimnisvoll und mächtig, war unversehens düster und ungastlich geworden. Und in ein paar Stunden sollte der Erzbischof kommen.

In höchster Erregung öffnete Don Valentino eine der äußeren Pforten und blickte auf den Platz. Nichts. Auch draußen keine Spur von Gott, wiewohl es Weihnachten war. Aus den tausend erleuchteten Fenstern kam das Echo von Gelächter, zerbrochenen Gläsern, Musik und sogar von Flüchen. Keine Glocken, keine Lieder.

Don Valentino ging in die Nacht hinaus, schritt durch die unheiligen Straßen, die von dem Lärm hemmungsloser Gelage widerhallten. Aber er wusste die rechte Anschrift. Als er in das Haus trat, setzte sich die befreundete Familie gerade zu

Tisch. Alle sahen einander wohlwollend an, und um sie herum war ein wenig von Gott. „Frohe Weihnachten, Hochwürden“, sagte der Vater. „Wollen Sie nicht unser Gast sein?“

„Ich habe Eile, ihr Freunde“, antwortete er. „Durch eine Unachtsamkeit meinerseits hat Gott den Dom verlassen, und Seine Exzellenz kommt gleich zum Gebet. Könnt ihr mir nicht euern Herrgott geben? Ihr seid ja in Gesellschaft und braucht ihn nicht so unbedingt.“

„Mein lieber Don Valentino“, sagte der Familienvater, „Sie vergessen, möchte ich sagen, dass heute Weihnachten ist. Gerade heute sollten meine Kinder ohne Gott auskommen? Ich wundere mich, Don Valentino.“

Und im gleichen Augenblick, in dem der Mann so sprach, schlüpfte Gott aus dem Hause, das freundliche Lächeln erlosch, und der Truthahnbraten war wie Sand zwischen den Zähnen.

Und wieder hinaus in die Nacht und durch die verlassenen Straßen. Don Valentino lief und lief und erblickte ihn schließlich von Neuem. Er war bis an die Tore der Stadt gekommen, und vor ihm breitete sich in der Dunkelheit, leicht im Schneegewande schimmernd, das weite Land. Über den Wiesen und den Zeilen der Maulbeerbäume schwebte Gott, als wartete er. Don Valentino sank in die Knie. „Aber was machen Sie, Hochwürden?“, fragte ihn ein Bauer. „Wollen Sie sich in dieser Kälte eine Krankheit holen?“

Er war bis an die Tore der Stadt gekommen, und vor ihm breitete sich in der Dunkelheit, leicht im Schneegewande schimmernd, das weite Land.

„Schau da unten, mein Sohn! Siehst du nicht?“

Der Bauer blickte ohne Erstaunen dahin.

„Das ist unser Gott“, sagte er. „Jede Weihnacht kommt er, um unsere Felder zu segnen.“

„Höre“, sagte der Priester, „könntest du mir nicht ein wenig davon geben? Wir sind in der Stadt ohne Gott geblieben, sogar die Kirchen sind leer. Gib mir ein wenig davon ab, damit wenigstens der Erzbischof ein anständiges Weihnachten feiern kann.“

„Fällt mir nicht im Traume ein, Ihr lieben Hochwürden! Wer weiß, was für ekelhafte Sünde ihr in der Stadt begangen habt. Das ist eure Schuld. Seht allein zu.“

„Gewiss, es ist gesündigt worden. Und wer sündigt nicht? Aber du kannst viele

Seelen retten, mein Sohn, wenn du mir nur Ja sagst."

„Ich habe genug mit der Rettung meiner eigenen zu tun!", sagte der Bauer mit höhnischem Lachen, und im gleichen Augenblick hob sich Gott von seinen Feldern und verschwand im Dunkel.

Und Don Valentino ging weiter und suchte. Gott schien seltener zu werden, und wer ein bisschen davon besaß, wollte nichts hergeben (aber im gleichen Augenblick, da er mit „Nein" antwortete, verschwand Gott und entfernte sich immer weiter).

Endlich stand Don Valentino am Rande einer grenzenlosen Heide, und in der Ferne am Horizont leuchtete Gott sanft wie eine längliche Wolke. Der Priester warf sich in den Schnee auf die Knie.

Durch seine Schuld ist der Erzbischof heute allein geblieben. Seine Füße waren zu Eis erstarrt, er lief im Schnee weiter und sank bis ans Knie ein, und alle Augenblicke fiel er der Länge nach hin. Wie lange konnte er es noch aushalten? Endlich vernahm er einen großen, leidenschaftlichen Chor von Engelsstimmen, ein Lichtstrahl brach durch den Nebel. Er öffnete ein hölzernes Türchen, es war eine riesige Kirche, und in ihrer Mitte betete ein Priester zwischen einigen Lichtern. Und die Kirche war voll des Paradieses. „Bruder", seufzte Don Valentino, am Ende seiner Kräfte und mit Eisnadeln bedeckt, „habe Mitleid mit mir. Mein Erzbischof ist durch meine Schuld allein geblieben und braucht Gott. Gib mir ein bisschen von ihm, ich bitte dich."

Langsam wandte sich der Betende um. Und Don Valentino wurde, als er ihn erkannte, fast noch bleicher, als er ohnedies war.

„Ein gesegnetes Weihnachten dir, Don Valentino", rief der Erzbischof aus und kam ihm entgegen, ganz von Gott umgeben. „Aber Junge, wo bist du nur hingelaufen? Was hast du um des Himmels willen in dieser bärenkalten Nacht draußen gesucht?"

MARTIN LUTHER

Gebet

Guter Gott,
ich will mir Zeit nehmen für dich,
ganz besonders in diesen Tagen vor
Weihnachten.
Lass mich Frieden finden in dir,
meinen Glauben wachsen,
die Liebe spürbar werden
und schenke mir Hoffnung.

REISETIPP

GRÖSSTER ECHTER ADVENTSKRANZ IN KAUFBEUREN

Rund acht Meter Durchmesser hat der Adventskranz im bayrischen Kaufbeuren. Vom ersten Advent bis zum Dreikönigstag schmückt der größte echte Adventskranz der Welt den Brunnen vor dem Rathaus. Die Wachskerzen des aus echten Tannenzweigen gefertigten Kranzes haben eine Höhe von etwa 1,5 m und ein Gewicht von ca. 150 kg.
Im Jahr 2020 drohte der Aufbau des Adventskranzes der Coronapandemie zum Opfer zu fallen, da dem Technischen Hilfswerk die Unterstützung untersagt war. Doch freiwillige Helfer sprangen ein und so konnte die im Jahr 2003 begründete Tradition ohne Unterbrechung fortgeführt werden.
Mittlerweile gibt es auch in anderen Orten große Adventskränze, so in Zweibrücken, Tüßling (Lkr. Altötting) oder Ludwigsburg. Doch nur in Kaufbeuren gibt es einen „echten“ Kranz mit Wachskerzen und Tannenreisig.

INHALTSVERZEICHNIS

JANUAR 4
Der Engel an der Schwelle des neuen Jahres, Andreas Krehbiel 6
Segen zum neuen Jahr, Martina Liebhäuser-Haggenmüller 7
Die Erfahrung der Sterndeuter, Martin Leitgöb 8
weihnachtswunsch, Petra Ng'uni 9
Gute Vorsätze, Schwester Hedwig 9
Kalenderblatt 10
Aus der Küche von Barbara Kaufmann: Pikante Ofennudeln 11
Das Wegzeichen, Eva Rechlin-Bartoscheck 12
Maria, Mutter der Hoffnung, Papst Johannes Paul II. 15
Reisetipp: Die Mariensäule in München 15

FEBRUAR 16
Aschermittwoch – Aufbruch in die Fastenzeit, Brigitte Gossmann 18
Aus der Tageslesung am Aschermittwoch 19
Darstellung des Herrn – Mariä Lichtmess, P. Dr. Eckhard Bieger SJ 20
Vorfrühling, Rainer Maria Rilke 21
Sellerie, Schwester Hedwig 21
Kalenderblatt 22
Aus der Küche von Barbara Kaufmann: Gefüllter Prosciutto di Parma à la Barbara 23
Raus aus dem Hamsterrad, Martina Liebhäuser-Haggenmüller 24
Fastenzeit – 40 Schritte 25
Balast abwerfen, Monika Rotarski 25
Tipp: Getreidebrei, Monika Rotarski 25
Weil da ein Mensch ist, Lothar Zenetti 26
Lichtmesssegen, Judith Wenk 27
Reisetipp: Kathedrale St. Trinitatis in Dresden 27

MÄRZ 28
Vaterunser – Dein Reich komme, Josef Holtkotte 30
Josef Holtkotte 31
Gebet, Verfasser unbekannt 31
Scala Santa, Kreuzweg und andere Formen der Passionsfrömmigkeit, Manfred Becker-Huberti 32
Aus der Tiefe, Ute Arnold 33
Petersilie, Schwester Hedwig 33
Kalenderblatt 34
Aus der Küche von Elisabeth Jirikowski: Zanderfilet auf Gemüse 35
Von der Stille, Marion Küstenmacher 36
Von der Freude einfacher Dinge, Marion Küstenmacher 37
Von der Sorgfalt, Marion Küstenmacher 37
Ein Mirakel für alle Zeiten – Die Passionsblume und das Leiden Christi, Ludwig Gschwind 38
Veilchen, Rainer Maria Rilke 39
Er weckt mich alle Morgen, Jochen Klepper 41
Reisetipp: Kreuzkapelle an den Externsteinen 41

APRIL 42
Ostern – Den Aufstand wagen, Bischof Dr. Gerhard Feige 44
Ein Ruf nach Ostern, Elsa Vogginger 45
Ich kenne einen, Lothar Zenetti 45
Der Osterhase, P. Dr. Eckhard Bieger SJ 46
Des Nachts, Christian Morgenstern 47
Löwenzahn, Schwester Hedwig 47
Kalenderblatt 48
Aus der Küche von Cäcilia Draschwandtner: Geschmorte Lammkeule 49
Osternacht, Uwe Seidel 50
Ostern – Geschmack des ewigen Lebens, Bischof em. Dr. Franz Kamphaus 51
Psalm, Hanns Dieter Hüsch 51
Ostergebet 51
Langsamer als eine Schnecke, Wilhelm ten Haaf 52
Das Wunder der Auferstehung, Dietrich Bonhoeffer 55
Reisetipp: Palmsonntagsprozession in Heiligenstadt 55

MAI 56
Kirche „geschieht", Pater Dr. Reinhard Körner OCD 58
Pater Dr. Reinhard Körner OCD 59
Gottes Geist, Barbara Manterfeld-Wormit 60
Unter Blätterkränzen, Silvia Droste-Lohmann 61
Brennnessel, Schwester Hedwig 61
Kalenderblatt 62
Aus der Küche von Anni Kellner: Gelee aus Hollerblüten 63
Bei den Kirchen, Selma Lagerlöff 64
Heiliger Geist, Papst Franziskus 67
Reisetipp: St. Georgsritt in Kallmuth 67

JUNI 68
Abendmahl, Peter Dyckhoff 70
Eucharistie, Papst Franziskus 71
Täglich Brot, Klaus Jäkel 71
Das Weihrauchfass – Symbol der Dreifaltigkeit, Patricia Fritsch 72
Der Juni, Gerd Karpe 73
Goldmelisse, Schwester Hedwig 73
Kalenderblatt 74
Aus der Küche von Elisabeth Jirikowski: Radieschen-Suppe 75
Die Heilung der blutflüssigen Frau, Tomáš Halik 76
Die Heilung der blutflüssigen Frau, Markus 5,27–34 77
Glück muss man haben, Manfred Orlick 78
Segen, Aus Irland 81
Reisetipp: St. Nikolaus in Meran 81

JULI 82
Die heilige Birgitta von Schweden – schon im Mittelalter eine wahre Europäerin, Sr. Maria Katharina O.Ss.S. 84
Die heilige Birgitta von Schweden 85
Von Jesu Oma und Opa – Joachim und Anna, Manfred Becker-Huberti 86
Forschend ist mein Blick, Astrid Meyer 87
Kerbel, Schwester Hedwig 87
Kalenderblatt 88
Aus der Küche des Europaklosters Gut Aich: Terrine aus Ziegenfrischkäse 89
Immer der Nase nach, Heike Wendler 90
Was ist Gott, Birgitta von Schweden 93
Reisetipp: St. Alto und St. Birgitta in Altomünster 93

AUGUST 94
Urlaub – ab in die Kirche, Mechthild Werner 96
Tipp: Urlaubskirche 97
Die Kirchen, Henri J. M. Nouwen 97
Fest der hl. Monika – 27. August, Peter Kokschal 98
Elke Schumacher, Lebendiges Wasser 99
Vogelmiere, Schwester Hedwig 99
Kalenderblatt 100
Aus der Küche des Europaklosters Gut Aich: Rahmsuppe 101
Glücklich, Pierre Stutz 102
Glück, Leo Tolstoi 103
Gebrauchsanweisung zum Glücklichsein, Isabella Schneider 103
Reich beschenkt, Armin Kaupp 104
Inneres Beten, Teresa von Ávila 105
Reisetipp: Kapelle in Vitt auf der Insel Rügen 105

SEPTEMBER 106
Der Engel der Heiterkeit, Anselm Grün 108
Anselm Grün 109
Gedächtnis der Schmerzen Marias am 15. September, P. Dr. Eckhard Bieger SJ 110
September, Hugo Kaeker 111
Frauenmantel, Schwester Hedwig 111
Kalenderblatt 112
Aus der Küche von Barbara Kaufmann: Blätterteigstrudel 113
Die Pudel von Freienwalde, Theodor Fontane 114

Höre auf die Stimme des Engels, Christa Spilling-Nöker 117
Reisetipp: Dorfkirche in Paretz 117

OKTOBER 118
Auch der Spätherbst hat sonnige Tage, Johannes Kuhn 120
Johannes Kuhn 121
Erntedank, Hannelore Reiner 122
Herbstgold, Ferdinand Avenarius 123
Baldrian, Schwester Hedwig 123
Kalenderblatt 124
Aus der Küche von Barbara Kaufmann: Kürbissuppe 125
Quietschende Reifen, Thomas Hanstein 126
Der Herr ist mein Hirte, Psalm 23,1–6 127
Der Gott des Lebens, Thomas Hanstein 127
Der Sprung im Krug, Maria Prean 128
Nimm, Herr, Ignatius von Loyola 129
Reisetipp: Wallfahrtskirche Maria am Stein in Dobratsch 129

NOVEMBER 130
Ewiges Leben ist wirkliches Leben, Papst Benedikt XVI. 132
Ewiges Leben – was ist das?, Papst Benedikt XVI. 133
1. November – Allerheiligen, P. Dr. Eckhard Bieger SJ 134
Der Herbststurm, Ludwig Uhland 135
Quitten, Schwester Hedwig 135
Kalenderblatt 136
Aus der Küche von Martina Bamberger: Nusszwieback 137
Die Reise nach Alpha Kentauri, Peter Biqué 138
Nach Amerika, Peter Biqué 139
Gebet, Aus Lateinamerika 141
Reisetipp: Seelenkapelle in Oberstdorf 141

DEZEMBER 142
Göttlicher Straßenbau – die Erlösung naht, Jörg Sieger 144
Allen Menschen Gottes Heil, Lukas 3,2–6 145
Heiligabend und 25. Dezember, P. Dr. Eckhard Bieger SJ 146
Heilige Nacht, Elli Michler 147
Tannennadeln, Schwester Hedwig 147
Kalenderblatt 148
Aus der Küche von Margaretha Manzl: Altwiener Schoko-Schnitten 149
Adventsübung, Hanna Buiting 150
Advent – Zuversichtliche Hoffnung, Maria Radziwon 151
Adventswunsch, Gisela Baltes 151
Die Nacht im Dom, Dino Buzzati 152
Gebet, Martin Luther 155
Reisetipp: Größter echter Adventskranz in Kaufbeuren 155

QUELLENVERZEICHNIS

TEXTNACHWEIS

S. 6f. Andreas Krehbiel, Der Engel an der Schwelle des neuen Jahres, © Alle Rechte beim Autor.
S. 7 Martina Liebhäuser-Haggenmüller, Segen zum neuen Jahr, © Alle Rechte bei der Autorin.
S. 8 Martin Leitgöb, Die Erfahrung der Sterndeuter © Martin Leitgöb.
S. 9 Petra Ng'uni, weihnachtswunsch © Petra Ng'uni.
S. 9, 21, 33, 47, 61, 73, 87, 99, 111, 123, 135, 147 (Tipp) Sr. Hedwig, Mein Klostergarten, Rezepte und Kräutertipps, © St. Benno Verlag GmbH, Leipzig.
S. 11, 23, 35, 49, 63, 75, 89, 101, 113, 125, 137, 149 (Rezepte) aus: RUPERTUSBLATT, Wochenzeitung der Erzdiözese Salzburg, www.rupertusblatt.at, © Alle Rechte bei den Autoren.
S. 12ff. Eva Rechlin-Bartoschek, Das Wegzeichen © RN Christian Bartoschek.
S. 14 Papst Johannes Paul II., Maria, Mutter der Hoffnung, © Libreria Editrice Vaticana, Città del Vaticano.
S. 15, 27, 93, 105, 141 aus: Dirk Klingner, Orte der Stille, Orte des Glaubens. Die schönsten Kirchen, Klöster, Kathedralen. 365 Porträts für jeden Tag, © St. Benno Verlag GmbH, Leipzig.
S. 18f. Brigitte Goßmann, Aschermittwoch – Aufbruch in die Fastenzeit, aus: Brigitte Goßmann, Aufbrüche 2022, Meditationen & Gebete zu den Lesungen der Fastenzeit, St. Benno Verlag GmbH, Leipzig, © Alle Rechte bei der Autorin.
S. 19, 77, 127, 145, 2 Kor 5,20–6,2, Mk 5,27–34, Ps 23,1–6, Lk 3,2–6, Einheitsübersetzung der Heiligen Schrift © 2016 Katholische Bibelanstalt GmbH, Stuttgart. Alle Rechte vorbehalten.
S. 20, 46, 110, 134, 146 aus: P. Dr. Eckhard Bieger SJ, Feste & Brauchtum im Kirchenjahr. Entstehung, Bedeutung und Traditionen, St. Benno Verlag GmbH, Leipzig, © Alle Rechte beim Autor.
S. 24f. aus: Martina Liebhäuser-Haggenmüller und Monika Rotarski, Gesund durch Basenfasten, St. Benno Verlag GmbH, Leipzig, © Alle Rechte bei den Autorinnen.
S. 26 Zenetti, Lothar: Weil da ein Mensch ist, aus: Ders., Die wunderbare Zeitvermehrung, © Paulinus Verlag GmbH, Trier 2019. 6. überarbeitete Auflage.
S. 27 Judith Wenk, Lichtmesssegen, © Alle Rechte bei der Autorin.
S. 30 Josef Holtkotte, Vaterunser – Dein Reich komme, Sich auf Gott hin ausrichten, aus: Josef Holtkotte, Die Feier der Eucharistie als Kraftquelle für unser Leben, St. Benno Verlag GmbH, Leipzig, © Alle Rechte beim Autor.
S. 32, 86 aus: Manfred Becker-Huberti, Das Brauchtum im Kirchenjahr. Entstehung, Bedeutung, Tradition, St. Benno Verlag GmbH, Leipzig, © Alle Rechte beim Autor.
S. 33 Ute Arnold, Aus der Tiefe, © Alle Rechte bei der Autorin.
S. 36f. aus: Marion Küstenmacher, Von der Freude einfacher Dinge © St. Benno Verlag GmbH, Leipzig.
S. 38f. Ludwig Gschwind, Ein Mirakel für alle Zeiten – Die Passionsblume und das Leiden Christi, © Alle Rechte beim Autor.
S. 44f. Bischof Dr. Gerhard Feige, Ostern – den Aufstand wagen, © Alle Rechte beim Autor.
S. 45 Elisa Vogginger, Ein Ruf nach Ostern, © Alle Rechte bei der Autorin.
S. 45 aus: Lothar Zenetti, Auf Seiner Spur. Texte gläubiger Zuversicht © Matthias Grünewald Verlag. Verlagsgruppe Patmos in der Schwabenverlag AG, Ostfildern 2011. www.verlagsgruppe-patmos.de.
S. 50f. Uwe Seidel, Osternacht, aus: Hanns Dieter Hüsch/Uwe Seidel, Ich stehe unter Gottes Schutz, S. 47, 2018/16 © tvd-Verlag Düsseldorf, 1996.
S. 51 Bischof em. Dr. Franz Kamphaus, Ostern – Geschmack des ewigen Lebens, © Alle Rechte beim Autor.
S. 51 Hanns Dieter Hüsch, Psalm, aus: Hanns Dieter Hüsch/Uwe Seidel, Ich stehe unter Gottes Schutz, S. 41, 2018/16 © tvd-Verlag Düsseldorf, 1996.
S. 52ff. Wilhelm ten Haaf, Langsamer als eine Schnecke, aus: Hoffmann, Freitag, Meine schönsten 5-Minuten-Geschichten zu Frühling und Ostern, Pattloch Verlag, München 2004 © Wilhelm ten Haaf.
S. 55, 81, 117, 129 aus: Dirk Klingner, 555 x entdecken. Kirchen, Klöster, Kathedralen, © St. Benno Verlag GmbH, Leipzig.
S. 58f. P. Dr. Reinhard Körner OCD, Kirche „geschieht", aus: Reinhard Körner, Wie Jesus Kirche macht. Ein Pfingstbuch für Kleinbauern und solche, die es werden wollen, © St. Benno Verlag GmbH, Leipzig.
S. 60 Barbara Manterfeld-Wormit, Gottes Geist, © Alle Rechte bei der Autorin.
S. 61 Silvia Droste-Lohmann, Unter Blätterkränzen, © Alle Rechte bei der Autorin.
S. 67 Papst Franziskus, Heiliger Geist, © Libreria Editrice Vaticana, Città del Vaticano.
S. 67 aus: Dirk Klingner, Reiseführer Wallfahrtsorte, Raststätten für die Seele, © St. Benno Verlag GmbH, Leipzig.
S. 70 Peter Dyckhoff, Abendmahl, aus: Peter Dyckhoff, Nachfolge Christi. Geistlich leben nach Thomas von Kempen © St. Benno Verlag GmbH, Leipzig.
S. 71 Papst Franziskus, Eucharistie, © Libreria Editrice Vaticana, Città del Vaticano.
S. 71 Klaus Jäkel, Täglich Brot, © Alle Rechte beim Autor.
S. 72 Patricia Fritsch, Das Weihrauchfass – Symbol der Dreifaltigkeit, © Alle Rechte bei der Autorin.
S. 73 Gerd Karpe, Der Juni, © Alle Rechte beim Autor.
S. 76f. Tomáš Halík, Die Heilung der blutflüssigen Frau, aus: Tomáš Halík, Geduld mit Gott, © 2017 Verlag Herder GmbH, Freiburg i. Br.
S. 78ff. Manfred Orlick, Glück muss man haben © Alle Rechte beim Autor.
S. 81 Papst Benedikt XVI., Geheimnis der göttlichen Liebe, © Libreria Editrice Vaticana, Città del Vaticano.
S. 84f. Sr. Maria Katharina O.Ss.S., Die heilige Birgitta von Schweden – schon im Mittelalter eine wahre Europäerin, © Renovabis, Solidaritätsaktion der deutschen Katholiken mit den Menschen in Mittel- und Osteuropa.
S. 87 Astrid Meyer, Forschend ist mein Blick, © Alle Rechte bei der Autorin.
S. 90ff. Heike Wendler, Immer der Nase nach, aus: dies., SeelenPflaster © St. Benno Verlag GmbH, Leipzig.
S. 96 Mechthild Werner, Urlaub – ab in die Kirche, © Alle Rechte bei der Autorin.
S. 97 Henri J. M. Nouwen, Die Kirchen, aus: Henri J. M. Nouwen, Gottes Clown sein © 1992 Verlag Herder GmbH, Freiburg i. Br.
S. 98 Peter Kokschal, Fest der hl. Monika – 27. August, aus: Annegret und Peter Kokschal, Die Heiligen für jeden Tag, © St. Benno Verlag GmbH, Leipzig.
S. 99 Elke Schumacher, Lebendiges Wasser, © Alle Rechte bei der Autorin.
S. 102 Pierre Stutz: Glücklich. Aus: ders. Leben ist im Augenblick. ©Verlag am Eschbach in der Verlagsgruppe Patmos der Schwabenverlag AG, 2018 www.verlag-am-eschbach.de, ISBN 978-3-86917-639-0.
S. 103 Isabella Schneider, Gebrauchsanweisung zum Glücklichsein, © Alle Rechte bei der Autorin.
S. 104 Armin Kaupp, Reich beschenkt, © Alle Rechte beim Autor.
S. 108f. Anselm Grün, Der Engel der Heiterkeit, aus: Anselm Grün, 50 Engel für das Jahr © 2000 Verlag Herder GmbH, Freiburg i. Br.
S. 117 Christa Spilling-Nöker, Höre auf die Stimme des Engels, © Alle Rechte bei der Autorin.
S. 120f. Johannes Kuhn, Auch der Spätherbst hat sonnige Tage, © Johannes Kuhn Erben.
S. 122 Hannelore Reiner, Erntedank, © Alle Rechte bei der Autorin.
S. 126f. Thomas Hanstein, Quietschende Reifen; Der Gott des Lebens, aus: Thomas Hanstein, Das Heilige in allem hören. 40 Impulse zur Achtsamkeit © St. Benno Verlag GmbH, Leipzig.
S. 128 Maria Prean, Der Sprung im Krug, aus: Maria Prean, Mit Gottes Flügeln kannst du fliegen © 2018 SCM Verlagsgruppe GmbH, Witten/Holzgerlingen.
S. 132f. Papst Benedikt XVI., Ewiges Leben ist wirkliches Leben; Ewiges Leben – was ist das? © Libreria Editrice Vaticana, Città del Vaticano.
S. 138f. Peter Biqué, Die Reise nach Alpha Kentauri, © Alle Rechte beim Autor.
S. 139f. Peter Biqué, Nach Amerika, © Alle Rechte beim Autor.
S. 144f. Jörg Sieger, Göttlicher Straßenbau – die Erlösung naht, © Alle Rechte beim Autor.
S. 147 Elli Michler, Heilige Nacht, © Don Bosco Medien GmbH, München
S. 150 Hanna Buiting, Adventsübung, aus: 24 Mußestunden im Advent, St. Benno Verlag GmbH, © Alle Rechte bei der Autorin.
S. 151 Maria Radziwon, Advent – Zuversichtliche Hoffnung, © Alle Rechte bei der Autorin.
S. 151 Gisela Baltes, Adventswunsch, © Gisela Baltes (www.impulstexte.de).
S. 152ff. Dino Buzzati, Die Nacht im Dom, © Ingrid Parigi, Bergamo.
Wir danken allen Inhabern von Textrechten für die Abdruckerlaubnis. Der

Verlag hat sich bemüht, alle Inhaber von Rechten in Erfahrung zu bringen. Für zusätzliche Hinweise sind wir dankbar.

BILDNACHWEIS

S. 2f., 142f. © stock.adobe.com/JFL Photography; S. 4f. © stock.adobe.com/Jaroslaw Grudzinski; S. 6f. © stock.adobe.com/Swetlana Wall; S. 7 © stock.adobe.com/Sindija; S. 8f., 46 © stock.adobe.com/Romolo Tavani; S. 9 oben © Lucien Lenzen; S. 9 unten © stock.adobe.com/victoria p.; S. 10 © picture alliance/AP Images/XGM, Uncredited; S. 10f., 148f. © Ann in the uk/Shutterstock; S. 11, 23 © Barbara Kaufmann; S. 14 © stock.adobe.com/nikonmike; S. 15 © stock.adobe.com/Oliver Raupach; S. 16f. © stock.adobe.com/butterfly-photos.org; S. 18f. © stock.adobe.com/Gabriela Bertolini; S. 19 © stock.adobe.com/Kara; S. 20f., 34, 76f., 77, 86f., 88 Wikimedia Commons; S. 21 © stock.adobe.com/Dmytro; S. 22 © picture-alliance/dpa/ADN Zentralbild; S. 22f., 62f., 88f., 100f., 112f. © stock.adobe.com/SimpLine; S. 24f. © stock.adobe.com/Andrey Popov; S. 25 © stock.adobe.com/Pixel-Shot; S. 26f. © stock.adobe.com/GIS; S. 27 © stock.adobe.com/tilialucida; S. 28f. © stock.adobe.com/Maya Kruchancova; S. 30f. © stock.adobe.com/PhotoGranary; S. 31 © Tobias Schulte/Erzbistum Paderborn; S. 32f. © stock.adobe.com/PL.TH; S. 33 © stock.adobe.com/ Zerbor; S. 34f. © stock.adobe.com/Oleksandr Dibrova; S. 35 © stock.adobe.com/exclusive-design; S. 36f. © stock.adobe.com/WavebreakMediaMicro; S. 37 © stock.adobe.com/Maska-Rad; S. 40f. © stock.adobe.com/mijun; S. 41 © stock.adobe.com/Martina Berg; S. 42f. © stock.adobe.com/Anna; S. 44f., 132f. © stock.adobe.com/TTstudio; S. 45 © Renata Sedmakova/Shutterstock; S. 47, 123 © stock.adobe.com/Scisetti Alfio; S. 48 © picture-alliance/dpa/Ullstein; S. 48f. © stock.adobe.com/Naturestock; S. 49 © stock.adobe.com/HLPhoto; S. 49, 137, 149 (Foto der Köchin) © Privat; S. 50f. © stock.adobe.com/Paul Maguire; S. 51 © Ian Black/Shutterstock; S. 54f. © JACEK SKROK/Shutterstock; S. 55, 60f. © 2016, KNA GmbH, www.kna.de, All Rights Reserved; S. 56f. © stock.adobe.com/candy1812; S. 58f. © Rawpixel.com/Shutterstock; S. 59 © Reinhard Körner OCD; S. 61 © stock.adobe.com/olympus; S. 62 © picture alliance/dpa/Bernd Weissbrod; S. 63 © stock.adobe.com/Natalia Greeske; S. 66f. © stock.adobe.com/nehls16321; S. 67 © picture-alliance/DUMONT Bildarchiv/Peter Hirth; S. 68f. © stock.adobe.com/ThomBal; S. 70f. © stock.adobe.com/Gerhard Seybert; S. 71 © stock.adobe.com/gitusik; S. 72f. © Urri/Shutterstock; S. 73 © stock.adobe.com/Melinda Fawver; S.74 © J.-H. Janßen/CC-BY-SA-4.0 (Wikimedia Commons); S. 74f. © stock.adobe.com/SG-design; S. 75 © stock.adobe.com/Photographee.eu; S. 80f. © stock.adobe.com/DBA; S. 81, 96f. © stock.adobe.com/Manuel Schönfeld; S. 82f. © stock.adobe.com/S.H.exclusiv; S. 84f. © Renovabis, 2013 geschrieben von Hildegard Rall für die Solidaritätsaktion der deutschen Katholiken mit den Menschen in Mittel- und Osteuropa; S. 85 © stock.adobe.com/Mikhail Markovskiy; S. 87 © stock.adobe.com/Ruckszio; S. 89 © stock.adobe.com/Victoria Kondysenko; S. 92f. © stock.adobe.com/sepy; S. 93 © stock.adobe.com/traveldia; S. 94f. © stock.adobe.com/Andrew Mayovskyy; S. 97 © stock.adobe.com/Georgios; S. 98f. © stock.adobe.com/Polifoto; S. 99 © stock.adobe.com/AGfoto; S. 100 © Wici/CC-BY-SA 1.0 (Wikimedia Commons); S. 101 © stock.adobe.com/Johanna Mühlbauer; S. 102f. © stock.adobe.com/New Africa; S. 103 © stock.adobe.com/Petar Spurzem; S. 104f. © stock.adobe.com/Nitr; S. 105 © stock.adobe.com/pwmotion; S. 106f. © stock.adobe.com/Piotr Krzeslak; S. 108f. © stock.adobe.com/guidowalter15; S. 109 © picture-alliance/Ulrich Baumgarten; S. 110f. © stock.adobe.com/starryvoyage; S. 111 © stock.adobe.com/unverdorbenjr; S. 112 © picture alliance/PAP/JAN MOREK; S. 113 © Ksenz-E/Shutterstock; S. 116f. © stock.adobe.com/yanikap; S. 117 © Hans G. Oberlack/CC-BY-SA-4.0 (Wikimedia Commons); S. 118f. © stock.adobe.com/Smileus; S. 120f. © stock.adobe.com/PhotoIris2021; S. 121 © picture-alliance/dpa/Harry Melchert; S. 122f. © stock.adobe.com/turtles2; S. 124 © picture alliance/dpa/Annette Riedl; S. 124f. © stock.adobe.com/Good Studio; S. 125 © stock.adobe.com/mizina; S. 126 © stock.adobe.com/DragonImages; S. 127 © stock.adobe.com/stockphoto-graf; S. 128 stock.adobe.com/TaniaBu; S. 129 © stock.adobe.com/carinthian; S. 130f. © stock.adobe.com/Olha Rohulya; S. 133 © stock.adobe.com/victorgrow; S. 134f. © stock.adobe.com/lkonya; S. 135 © stock.adobe.com/Christian Jung; S. 136 © picture alliance/rtn – radio tele nord/rtn, patrick becher; S. 136f. © stock.adobe.com/krissikunterbunt; S. 137 © stock.adobe.com/K; S. 140f. © stock.adobe.com/Fotomicar; S. 141 © Kunstverlag Josef Fink, Lindenberg/Allgäu; S. 144f. © stock.adobe.com/plprod; S. 145 © Reiner Löbe/CC-BY-SA-4.0 (Wikimedia Commons); S. 146f. © stock.adobe.com/RG; S. 147 © stock.adobe.com/Alekss; S. 148 © Michael Burgholzer/CC-BY-SA-4.0 (Wikimedia Commons); S. 149 © stock.adobe.com/Vladislav Noseek; S. 150f. © stock.adobe.com/GOKHAN; S. 151 © stock.adobe.com/Gina Sanders; S. 154f. © stock.adobe.com/Marcel; S. 155 © picture alliance/dpa/Karl-Josef Hildenbrand

Die Ratschläge, Empfehlungen und Rezepte dieses Buches wurden nach bestem Wissen und Gewissen erarbeitet und sorgfältig geprüft. Dennoch kann eine Garantie nicht übernommen werden. Eine Haftung des Verlages oder seiner Beauftragten für Personen-, Sach- oder Vermögensschäden ist ausgeschlossen. Sofern in diesem Buch eingetragene Warenzeichen, Handelsnamen und Gebrauchsnamen verwendet werden, auch wenn diese nicht als solche gekennzeichnet sind, gelten die entsprechenden Schutzbestimmungen.

Bibliografische Informationen der Deutschen Nationalbibliothek
Die Deutsche Nationalbibliothek verzeichnet diese Publikation in der Deutschen Nationalbibliografie; detaillierte bibliografische Daten sind im Internet über http://dnb.d-nb.de abrufbar.

Besuchen Sie uns im Internet:
www.st-benno.de

Gern informieren wir Sie unverbindlich und aktuell auch in unserem Newsletter zum Verlagsprogramm, zu Neuerscheinungen und Aktionen. Einfach anmelden unter www.vivat.de.

ISBN 978-3-7462-6023-5

Covermotiv: Wallfahrtskirche St. Bartholomä am Königsee, © Eugen B/Shutterstock
Redaktion: Dirk Klingner, Leipzig
Umschlag: Rungwerth Design, Düsseldorf
Gesamtherstellung: Kontext, Dresden (A)